차 례

공룡의 세계	04
공룡이란?	06
공룡의 분류	08
한 눈에 보는 공룡의 분류	10
초식공룡	12
육식공룡	14
새끼기르기	16
무리지어 살기	18
포식자와 청소동물	20
살아남기 위한 방법	22
피부와 몸 색깔	24
갑옷, 골판, 뿔	26
갈고리 발톱과 가시	28
여러가지 공룡들	30

공룡의 탄생 …………………………………………………………… 62

지구의 역사 …………………………………………………………… 64

공룡이 나타나기 전 …………………………………………………… 66

트라이 아스기 ………………………………………………………… 68

쥐라기………………………………………………………………… 70

백악기………………………………………………………………… 72

초기 파충류 …………………………………………………………… 74

하늘과 바다의 파충류 ………………………………………………… 76

여러가지 공룡들 ……………………………………………………… 78

공룡의 멸종 …………………………………………………………… 96

공룡이 사라진 이후 …………………………………………………… 98

화석이 되기까지 ……………………………………………………… 100

화석이 알려주는 것 …………………………………………………… 102

여러가지 공룡들 ……………………………………………………… 104

공룡의 세계

공룡이란?

현재까지 알려진 공룡의 종류는 800여 종에 이르고, 거의 2주 만에 하나씩 새로운 종이 밝혀지고 있다. 공룡(dinosaur)이란 말은 '거대하고 무서운 도마뱀'이란 뜻이다. 하지만 이 말이 모든 공룡에게 해당하지는 않는다. 버스보다 큰 공룡이 있는가 하면, 닭처럼 작은 공룡도 있기 때문이다. 공룡은 종류가 다양했지만, 비슷한 특징이 있다. 모든 공룡은 뒷다리가 몸통에서 아래쪽으로 곧게 뻗어 있는데 공룡 이외의 파충류에게서는 이런 자세를 보기 드물다. 또 모든 공룡은 알을 낳았던 것으로 추측된다.

부화
공룡은 알에서 깬다. 각각의 공룡을 특징짓는 갑옷, 가시, 뿔 등은 대부분 몸이 다 자라기 전에 발달했다.

달라붙은 뼈

알로사우루스
스테고사우루스
캄프토사우루스
티라노사우루스
코엘루루스
코리토사우루스
살타사우루스
트리케라톱스
유오플로케팔루스
파키케팔로사우루스

튼튼한 골반뼈

같은 조상

공룡은 종류에 따라 몸 색깔, 모양, 크기 등이 다양했다. 예를 들어, 갑옷, 뿔, 부리, 발톱이 있는 것도 있고, 그렇지 않은 것도 있었다. 최초의 학명이 붙은 공룡은 메갈로사우루스와 이구아노돈이다.

- 머리
- 직립 자세
- 긴 발가락

🐞 딜로포사우루스

쥐라기에 살았던 수각류로, 두발로 걷는 전형적인 초기 공룡이다. 네 발로 걷는 다른 공룡들처럼 몸무게를 지탱하는데 앞다리를 사용하지 않았다.

🐞 공룡일까, 아닐까?

중생대에는 40종 이상의 파충류가 있었는데, 그 중 두 무리만 공룡으로 볼 수 있다. 공룡은 바다에 살지 않았고, 공룡과 먼 친척인 다른 파충류가 바다를 지배했다. 공룡과 익룡을 제외한 대부분의 파충류는 네 다리를 벌린 채 배를 깔고 엎드린 모습이었다.

익룡
익룡은 공룡과 사촌 쯤 된다. 람포린쿠스류(주로 쥐라기에 번성)와 프테로닥틸류(주로 백악기에 번성)로 나뉜다.

스카포그나투스

노토사우루스류
크로노사우루스(백악기, 오스트레일리아)와 같은 해양 파충류에 속하며 이는 사람을 한 입에 집어삼킬 만큼 입이 크다.

크로노사우루스

반룡류
한때 포유류형 파충류라 불렸던 단궁류 중 하나로, 파충류보다는 포유류에 가깝다. 디메트로돈은 공룡이 나타나기 7500만 년 전에 살았다.

디메트로돈

수장룡류
바다에 사는 포식자로, 목이 긴 것과 짧은 것 두 종류로 나뉜다. 모두 지느러미를 이용해 하늘을 나는 듯이 헤엄쳐 다녔다.

펠로네우스테스

악어류
현재 몇 종만 남아 있지만, 옛날에는 수십 종류가 있었다. 땅 위에서만 사는 것도 있고, 바다에서만 사는 것도 있다.

베르니사르티아

공룡의 분류

공룡은 1억 6500만 년 동안 지구에 살면서 먹이나 영역을 둘러싸고 서로 혹은 다른 동물들과 경쟁했다. 공룡은 크게 몇 개의 무리로 나눌 수 있다. 두 발로 걷는 육식 공룡, 목이 길고 네 발로 걷는 초식 공룡, 두 발로 걷는 초식 공룡, 두 발로 걷고 오리주둥이를 가진 초식 공룡, 네 발로 걷고 뿔이 있으며 꼬리가 짧은 초식 공룡, 네 발로 걷는 갑옷 초식 공룡 등이다.

오리주둥이 공룡

오리주둥이 공룡은 부리로 식물의 잎과 줄기를 씹어 먹었는데, 음식을 삼키기 전에 입안에 나 있는 수백 개의 이빨로 잘게 부수었다. 상하 좌우의 턱에는 각각 60개의 이빨이 세 줄로 나 720개 정도 되었다.

람베오사우루스 오리주둥이 공룡으로 머리 위에 달린 볏은 속이 비었다. 호른과 비슷한 소리를 낸다.

오리주둥이 공룡의 부리는 뼈로 덮여 있고, 대부분의 식물을 자를 수 있을 정도로 날카로웠다.

검룡류

검룡류 중 하나인 스테코사우루스는 몸통에 비해 머리가 작다.

각룡류

각룡류 중 하나인 알베르타케라톱스는 머리에 뿔과 가시가 있고, 몸에는 없다.

🐞 목이 긴 용각류
푸탈롱코사우루스는 목이 길며, 네 발로 걷는 초식 공룡이다. 지구 상에 살았던 공룡들 중 가장 크고 33m까지 자라기도 했다.

🐞 수각류
수각류는 두 발로 걷는 육식 공룡이다. 대부분 머리가 크고, 행동이 재빠르다. 이빨은 칼처럼 날카롭고, 끝이 톱니처럼 생겨 잡은 동물을 찢어 먹기에 좋았다.

딜롱
수각류는 깃털이 나고 두 발로 걷게 된 최초의 동물이었다.

에오카르카리아
무서운 얼굴의 수각류로 톱니 모양의 이빨로 먹이를 잘게 찢어 먹었다.

🐞 후두류
후두류 중 하나인 드라코렉스는 머리에 뿔과 혹이 났으며, 두 발로 걷는 초식 공룡이다.

🐞 곡룡류
가르고일레오사우루스는 몸 길이가 3m 정도로, 가장 작은 곡룡류 중 하나이다.

 한눈에 보는

공룡은 모두 조룡의 후손이다. 또 트라이아스기와 쥐라기에 번성했던 용반류나 백악기에 번성했던 조반류 중 어느 하나에 속한다. 용반류는 다시 수각류와 용각형류로 나뉜다. 수각류는 주로 육식성이고, 나중에 조류로 진화한다. 티라노사우루스나 데이노니쿠스가 수각류이고, 용각형류에는 디플로도쿠스처럼 목이 긴 초식 공룡에 속한다. 조반류는 거의 초식 공룡으로, 게나사우리아와 케라포다로 나눌 수 있다.

조룡류(공룡)

용반류(도마뱀 골반을 가짐)

수각류(수각아목)

수각류는 최초로 나타난 공룡이고, 공룡 중에서 가장 번성했다. 최초로 직립 자세를 했고, 깃털이 나 있으며, 모두 육식성이다.

원시 수각류
트라이아스기에 나타난 육식 공룡으로, 몸집이 작고 호리호리한 체형이다.

코엘로피시스

코엘루로사우리아
대부분 포식성이고, 백악기에 번성했던 수각류 중에서 많은 수를 차지하고 있었다.

티라노사우루스

마니랍토라
공룡 중에서도 조류의 조상쯤 된다. 포식성 공룡인 '랍토르류가 여기에 포함된다.

벨로키랍토르

용각형류(용각아목)

용각류는 크게 원시 용각류와 용각류로 나뉜다. 대부분 몸 길이가 3m가 넘는 가장 큰 초식 동물이다. 지금까지 이보다 큰 육상 동물은 없었다.

원시 용각류
목이 긴 초식 공룡이다. 트라이아스기에 가장 큰 육상 동물이었지만, 쥐라기 전기에 멸종되었다.

플라테오가우루스

용각류
원시용각류보다 목이 더 길다. 꼬리도 길고, 몸집도 거대했지만, 머리는 작았다. 지구에서 몸집이 가장 큰 동물이었다.

디플로도쿠스

조류
중생대에는 조류 이외에도 깃털을 가진 수각류가 존재했다. 하지만 중생대 이후까지 살아남은 수각류는 조류뿐이다.

공룡의 분류

익룡류, 악어류)

조반류(새 골반을 가짐)

게나사우리아류(장순아목)

게나사우리아류는 온몸이 뼈로 둘러싸여 있다. 가시나 골판 모양으로 자라는 피부 위의 뼈들은 속이 꽉 차 있기도 하고, 비어 있기도 했다.

검룡류
쥐라기에 번성했고, 골판과 가시를 이용해 적을 방어했다.

스테고사우루스

곡룡류
두꺼운 골판으로 무장하고, 백악기에 번성했다. 몸통뿐만 아니라 머리까지 덮고 있는 골판과 몸통에 난 가시로 적을 방어했다.

안킬로사우루스

케라포다류(각각아목)

케라포다는 이빨 안 쪽에 두꺼운 에나멜 층이 있다. 에나멜층보다 부드러운 바깥쪽의 상아질이 먼저 닳기 때문에, 이빨 끝이 항상 날카롭게 유지되었다.

조각류
조각류는 트라이아스기에서 백악기까지 살았다.

이구아노돈

각룡류
가장 마지막까지 번성했던 공룡이다.

트리케라톱스

후두류
대부분 두개골이 불룩 솟아 있는 후두류 공룡의 화석은 아주 희귀하다.

파키케팔로사우루스

초식 공룡

중생대에는 오늘날 만큼 식물을 얻기 쉽지 않았다. 대부분의 초식 공룡은 소철이나 침엽수를 먹었다. 이 식물들은 꽃이 피는 식물보다 영양가가 적기 때문에, 초식 공룡들은 필요한 영양분을 섭취하기 위해 늘 먹어야만 했다. 또 거친 식물에서 영양분을 뽑아 내려면, 몸 속에서 오랫동안 소화시켜야 했기 때문에 소화 기관도 컸다. 초식 동물들은 위장 옆에 모래주머니가 있는데, 거친 식물을 잘게 부수어 소화시킬 수 있도록 돕기 위한 것이었다.

은행
은행은 쥐라기에 흔히 볼 수 있는 식물이다. 당시 은행나무 잎은 오늘날의 은행나무 잎과 모양이 거의 똑같다.

위석
몇몇 공룡들은 작은 돌(위석)을 삼키기도 했다. 섬유질이 풍부한 식물을 잘게 부수는 데 위석을 이용했다.

작은돌기

치근

오스니엘리아
쥐라기에 살았던 작은 공룡으로 땅에서 자라는 작은 잎을 먹었다.

초식 공룡의 이빨
왼쪽 이빨은 끝에 돌기들이 솟아 있어 식물을 쉽게 자를 수 있다.

🐞 이빨과 턱

초기 초식 공룡은 에나멜로 덮인 두꺼운 이빨을 가졌다. 더욱 진화한 공룡들의 이빨은 한 쪽만 에나멜로 덮여 있다. 이런 이빨로 식물을 계속 씹어 먹으면, 에나멜로 덮이지 않은 쪽이 빨리 닳아 없어져, 이빨 끝이 항상 날카롭게 유지될 수 있었다.

쇠뜨기

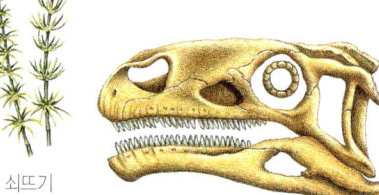

플라테오사우루스
플라테오사우루스는 이빨이 두꺼워 질긴 쇠뜨기도 쉽게 뜯어 먹을 수 있다.

솔방울

브라키오사우루스
브라키오사우루스의 이빨은 얇았지만, 에나멜층으로 덮여 있어 나뭇가지째 뜯어 잎과 열매를 씹어 먹을 수 있다.

🐞 먹이를 찾는 스테고사우루스

스테고사우루스는 소철, 침엽수, 양치류 등 꽃이 피지 않는 식물을 먹었다. 이 식물들은 다시 자라는데 오래 걸렸기 때문에, 스테고사우루스는 늘 먹이를 찾아 이동했다.

목련

나무고사리

람베오사우루스
람베오사우루스는 계속 새로 나는 수백 개의 이빨로 식물을 잘게 부수어 먹었다.

프로토케라톱스
프로토케라톱스는 앵무새와 같은 부리와 식물을 잘게 찢을 수 있는 이빨과 강한 턱이 있다.

헤테로돈토사우루스
헤테로돈토사우루스는 앞니로 식물을 자르고, 안쪽의 이빨로 잘게 씹었다.

육식 공룡

육식 공룡에게는 강력한 발톱이나 이빨과 같은 무기가 있었다. 발톱과 이빨은 공룡의 종류마다 모양이 크게 달랐고, 역할도 제각각이었다. 공룡의 이빨은 먹이를 죽이고, 자르는 두 가지 기능을 했고 닳아 없어지거나 빠져도 일생 동안 계속 났다. 갈고리처럼 생긴 발톱도 먹이를 움켜쥐거나 찢는데 사용되는 것이 있는가 하면, 칼처럼 단번에 자르는 데 쓰이는 것도 있었다. 육식 공룡이 이런 무기로 공격하면, 다른 공룡들은 골판이나 가시를 몸에 두르거나 무리지어 다니거나 재빨리 도망쳤다.

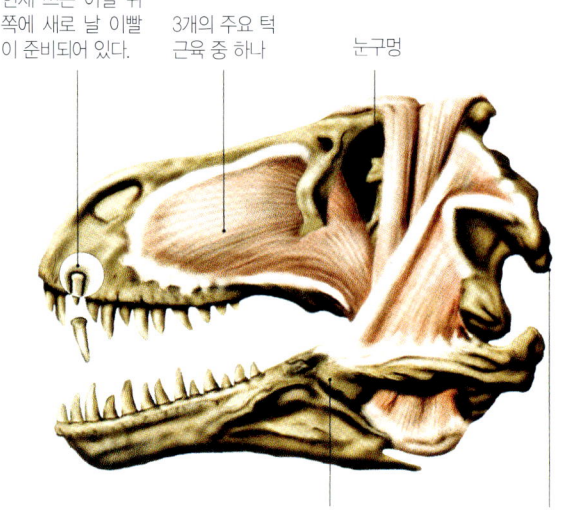

현재 쓰는 이빨 뒤쪽에 새로 날 이빨이 준비되어 있다.
3개의 주요 턱 근육 중 하나
눈구멍
싸우는 동안 틀어지는 것을 막아 주는 유연한 턱관절
거대한 목 근육이 연결되는 부분

뼈를 으스러뜨리는 턱
티라노사우루스는 강력한 턱 근육의 힘 덕분에 먹이로 잡은 동물의 뼈까지 으스러뜨릴 수 있다.

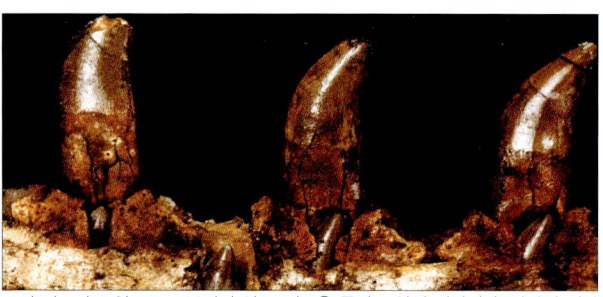

끝이 갈고리 모양으로 구부러져 있고, 뒤쪽은 톱니 모양인 이빨이다. 각각의 이빨 아래쪽에 새로 날 이빨들이 준비되어 있다.

재빨리 도망치기
트라이아스기의 육식 공룡이 나무 위로 도망가는 도마뱀을 쫓고 있다. 트라이아스기의 수각류는 그다지 크지 않았기 때문에, 쫓기더라도 3m 정도만 올라가면 잡히지 않았다. 하지만 익룡의 공격을 피하기는 쉽지 않았다.

🐞 먹이를 먹는 도구

공룡은 먹이에 따라 이빨과 발톱의 모양이 달랐다. 보통 이빨의 크기가 작을수록 먹이도 작았다. 먹이를 한 입에 삼키는 공룡은 이빨이 아예 없기도 했다. 육식 공룡의 특징 중 하나는 '충격을 흡수하는 턱관절'이다. 아래턱의 관절이 유연하기 때문에 몸부림치는 먹이를 물고 있어도 턱뼈가 틀어지지 않았다.

알베르토사우루스
알베르토사우루스는 단검처럼 생긴 이빨로 먹이를 찌를 수 있다.

오비랍토르
오비랍토르는 단단한 부리로 두꺼운 알껍데기를 깰 수 있다.

콤프소그나투스
콤프소그나투스는 긴 앞발로 작은 먹이를 잡고, 강한 턱으로 물어 죽였다.

🐞 무시무시한 포식자

두 발로 걷는 거대한 육식 공룡인 티라노사우루스는 역사상 가장 강력한 포식자였다. 한 걸음에 4m를 갈 수 있었고, 거대한 입 안에는 칼처럼 날카로운 이빨이 50개가 넘었다.

갈리미무스
갈리미무스는 부리로 식물을 포함한 여러 가지 작은 먹이를 먹었다. 긴 앞발은 먹이를 모으는 데 사용했다.

바리오닉스
바리오닉스는 긴 코와 갈고리 발톱이 있다. 아마 강이나 호수에서 물고기를 잡아먹고 살았을 것이다.

티라노사우루스
티라노사우루스의 턱은 먹이를 갈기갈기 찢는 데 적합했다. 고깃덩어리 20kg 정도를 한 번에 삼킬 수도 있다.

새끼 기르기

둥지 안에 줄을 맞추어 가지런히 알을 낳는 공룡이 있는가 하면, 땅바닥 이곳 저곳에 알을 낳고 다니는 공룡도 있다. 또 오늘날의 악어나 새들처럼 알을 정성껏 돌보는 공룡이 있는가 하면, 도마뱀이나 거북처럼 알을 낳기만 하고 돌보지 않는 공룡도 있다. 공룡의 알은 어미의 몸 크기에 비해 놀라울 정도로 작았다. 오늘날에는 다 자란 공룡, 새끼, 알, 둥지 화석이 수백 곳에서 발굴되고 있다.

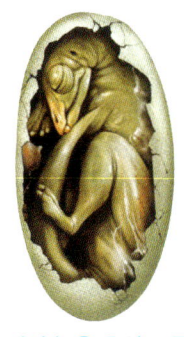

독립이 늦은 초식 공룡
알에서 깬 초식 공룡은 뼈가 약했기 때문에, 어느 정도 자랄 때까지 어미가 돌봐 주어야 한다.

독립이 빠른 육식 공룡
육식 공룡은 알에서 깨자마자 먹이를 찾아 똑바로 서서 걸어 다녔을 것이다.

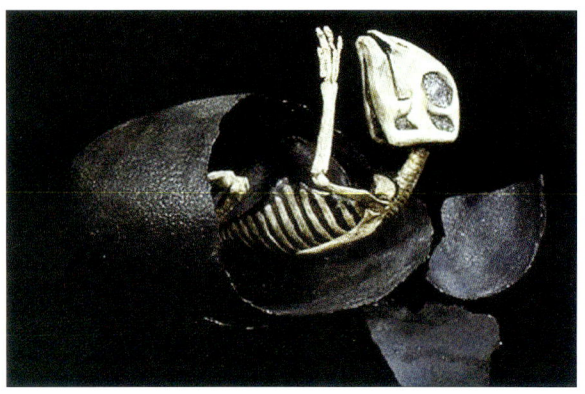

새끼의 뼈 미국 몬타나 주에서 발견된 오리주둥이 공룡의 새끼 화석. 다 자란 오리주둥이공룡과 새끼는 몸의 비율이 달랐는데, 알 속이 좁기 때문이다.

다양한 알들

닭
달걀을 기준으로 다양한 공룡 알의 특징을 비교해 보자

벨로키랍토르
대부분의 수각류 알은 길게 잡아늘인 듯한 모양이다.

오비랍토르
길고 가늘며, 껍질에 작은 홈들이 많아 거칠거칠하다.

힙셀로사우루스
프랑스에서 발굴된 힙셀로사우루스의 알은 축구공만큼 컸다.

용각류의 한 종류
알 중 가장 큰 것으로, 용각류 공룡의 알로 보인다.

알이 놓인 모습

공룡이 알을 낳아 놓는 방법은 아주 다양하다. 어떤 공룡들은 여러 개의 둥지를 나란히 붙여 그 속에 일정한 형태로 알을 낳았다.

초식 공룡인 용각류는 땅바닥에 활 모양으로 알을 낳았다.

오리주둥이 공룡은 풀로 만든 둥지에 나선형으로 알을 낳았다.

몇몇 작은 육식 공룡들은 알을 두 줄로 나란히 낳았다.

어떤 규칙 없이 아무렇게나 낳은 알들이다.

어미 공룡의 보살핌

새끼 돌보기

몇몇 초식 공룡들은 알에서 갓 깬 새끼가 혼자서 걸을 수 있을 때까지 몇 주 동안 돌보았다. 이 기간 동안 부모는 새끼에게 먹이를 주며, 포식자의 공격으로부터 지켜 주었다. 아마도 먹이를 삼켜 반 쯤은 소화시킨 뒤에 토해서 새끼에게 주었을 것이다. 마이아사우루스 무리는 서로 가깝게 모여 둥지를 틀었다. 그리고 갓 태어난 새끼들의 뼈가 단단해져 혼자 돌아다닐 수 있을 때까지 6~8주 동안 돌보았다.

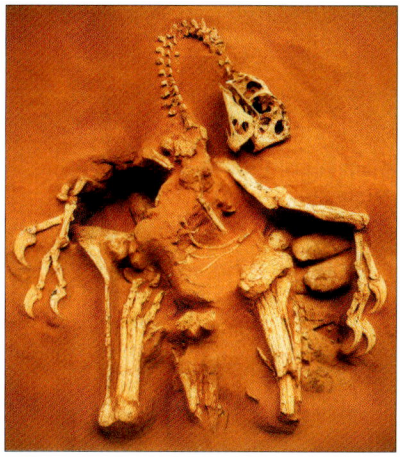

몽골의 고비 사막에서 발굴된 어미 오비랍토르의 화석. 둥지 위에서 알을 품은 채, 화석이 되었다.

마이아사우라의 둥지에는 알이 25개까지 들어갔다. 둥지는 진흙을 대접 모양으로 둥글게 파서 만들었다.

식사 시간

어미 오비랍토르가 알에서 갓 깬 새끼들에게 먹이를 가져다 주고 있다. 먹이는 대부분 작은 파충류나 어린 초식 공룡이었을 것이다.

무리지어 살기

용각류, 각룡류, 오리주둥이 공룡과 같은 몇몇 초식 공룡들은 무리지어 살며 육식 공룡으로부터 새끼를 보호했다. 공룡들은 홀로 돌아다니거나 몇 마리가 모여 다니는 것보다 수십 마리 이상이 무리지어 다니는 것이 더 안전했다. 과학자들은 계속 이어지는 공룡 발자국 화석을 발견했는데, 초식 공룡 무리 뒤로 육식 공룡이 따르고 있었다. 만약 병들거나 어린 초식 공룡이 무리에서 뒤떨어지면, 포식자의 먹잇감이 되었을 것이다.

용각류

새끼 보호

트리케라톱스는 백악기 후기 북아메리카에서 가장 흔히 볼 수 있는 공룡이었다. 이 공룡은 무리지어 이동했고, 포식자의 공격을 받으면 어미들이 새끼들을 빙 둘러싸서 보호했다. 트리케라톱스는 앞다리가 뒷다리보다 짧고 튼튼했으며, 빨리 달리지는 못했다. 하지만 두개골에서 뿔이 난 부분이 특히 두꺼운 티라노사우루스의 다리를 뿔로 들이받아 쫓을 수 있었다.

트리케라톱스 가족이 티라노사우루스의 공격을 받고 있다. 부모들이 새끼를 보호하기 위해 티라노사우루스를 위협하고 있다.

수각류

공룡 무리가 남긴 발자국 화석

아래의 사진은 쥐라기 후기에 용각류 무리가 남긴 발자국 화석이다. 왼쪽의 큰 그림은 고생물 학자들이 발자국 화석을 통해 얻은 정보를 바탕으로 표현한 것이다.

포식자와 청소 동물

육식 공룡이 먹이를 구하는 방법에는 세 가지가 있다. 찾아내기, 낚아채기, 죽이기이다. 대부분의 육식 공룡은 포식자이자 이미 죽은 동물을 먹어치우는 청소 동물이기도 하다. 사실 먹이를 직접 사냥해 죽이는 것보다 이미 죽어 있는 동물을 먹는 게 훨씬 더 쉽고 안전했다. 몸집이 거대하고 동작이 느린 동물일수록 사냥하기보다는 이미 죽은 동물의 사체를 찾아다니는 일이 많았다. 동물의 사체가 크면 클수록 많은 동물들의 배를 채워 주었다. 처음에는 크고 강력한 포식자들이 와서 먹고, 그 다음에는 작은 청소 동물들이 와서 남은 사체를 두고 싸웠을 것이다.

먹이 발견

조각류 공룡이 강가에 죽어 있다. 어린 알로사우루스들이 사체의 냄새를 맡고 다가왔다. 재빨리 발톱으로 피부를 찢고 고기를 먹지 않으면, 덩치 큰 공룡들이 와서 모두 먹어치울 것이다. 사체에 몰려든 곤충들도 알로사우루스에게는 맛있는 먹이가 되었다.

백악기 공룡의 싸움

수각류 몇 마리가 조각류인 테논토사우루스를 공격하고 있다. 수각류 한 마리는 테논토사우루스의 발에 밟혀 곧 죽게 될 것이다. 다른 수각류들은 테논토사우루스가 방어하기 힘든 목과 몸통을 공격하고 있다. 미국에서 발견된 화석을 기초로 재현한 장면이다.

수각류

테논토사우루스

살아남기 위한 방법

공룡의 세계는 위험으로 가득 차 있었다. 공룡들은 먹이를 찾으러 다니면서 다른 공룡의 먹이가 되지 않기 위해 싸워야 했다. 초식 공룡은 육식 공룡보다 방어에 뛰어났다. 뿔, 갑옷, 가시가 있는데다, 대부분 무리를 지어 다녔기 때문에 포식자가 함부로 덤비지 못했다. 육식 공룡은 다른 공룡을 잡아먹으며 살았기 때문에 주로 공격하는 입장이었다. 날카로운 이빨과 발톱을 이용해 먹이를 죽이거나 때로는 몸을 방어하기도 했다. 또 빠르게 움직여 먹이를 쫓거나 적으로부터 도망칠 수 있었다.

케라토사우루스와 디플로도쿠스의 싸움

디플로도쿠스는 길고 두꺼운 꼬리를 채찍처럼 사용했다. 강력한 꼬리의 무게와 힘으로 몸 길이가 6m나 되는 케라토사우루스를 단번에 때려눕힐 수 있다.

디플로도쿠스

케라토사우루스

🐞 공격하는 공룡들

많은 육식 공룡들이 뛰어난 공격 무기를 가지고 태어났다. 강력한 이빨과 날카로운 손톱이나 발톱은 아주 좋은 무기였다. 이런 무기들은 다 자랐을 때 더욱 위협적이었다. 예를 들어, 어른 디플로도투스는 같은 크기의 새끼 티라노사우루스보다 훨씬 위험했다.

벨로키랍토르 사람보다 몸집이 작은 공룡이다. 하지만 그만큼 재빨랐고, 적에게 치명적인 상처를 줄 수 있다.

바리오닉스 몸집이 아주 큰 포식자이다. 악어와 같은 큰 턱으로 재빨리 먹이를 물 수 있다.

기가노토사우루스 이빨 길이가 20cm나 되었다.

데이노니쿠스 강력한 무기인 발톱이 있다.

🐞 방어하는 공룡들

대부분의 공룡들에게는 무리 짓는 것이 가장 효과적인 방어법이다. 하지만 적과 맞닥뜨려 싸우게 될 때에는 갑옷이나 가시와 같은 방어 무기를 적절히 사용했다.

안킬로사우루스 갑옷이 몸 전체를 덮고 있다.

파키케팔로사우루스 이 공룡은 두개골 윗부분이 둥근 천장처럼 단단하게 솟아올라 있다.

트리케라톱스 1m가 넘는 뿔이 있다. 이뿔은 티라노사우루스의 다리도 뚫을 만큼 강력했다.

이구아노돈 대못처럼 날카로운 엄지발가락은 짧았다. 하지만 몸집이 거의 코끼리만 한 이구아노돈이 이 발톱을 적들에게 세차게 휘두른다.

피부와 몸 색깔

공룡의 피부는 벌레가 물어뜯거나 기생충이 뚫지 못할 정도로 두꺼웠다. 그래서 거친 나뭇가지에도 잘 긁히지 않았고, 적의 공격에도 쉽게 찢어지지 않았다. 또 유연성이 있어 몸을 심하게 움직여도 잘 늘어났다. 공룡 중에는 같은 무리의 동료들과 의사 소통하거나, 포식자를 위협하기 위해 몸 색깔을 바꾸는 것도 있었다. 몸 색깔은 화석으로 남지 않지만, 오늘날 살아 있는 큰 동물을 관찰해 추측할 수 있다.

강력한 피부

공룡의 피부에 있는 골판은 대부분 등뼈 가까이에 있다. 피부에 작은 혹처럼 솟아 있는 뼈 덩어리들은 피부를 더욱 강하게 만들어 준다.

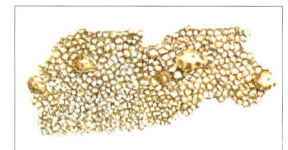

유연한 피부

배 쪽으로 갈수록 골판의 수가 줄어들기 때문에, 피부가 더 유연하다. 먹이를 많이 먹었을 때 배가 늘어날 수 있도록 하기 위해서다.

줄무늬

줄무늬는 몸의 테두리가 흐릿하게 보이게 만들어 적의 눈에 띠지 않도록 도와 준다.

반점

몸의 반점도 주위 환경과 섞여 눈에 잘 띠지 않게 해 준다.

어두운 색

어두운 몸 색깔은 가장 좋은 방어 무기가 될 수 있다.

색과 모양

공룡이 어떤 색을 띠고 있었는지를 직접 볼 수 없지만, 추측할 수는 있다. 아래의 왼쪽 그림처럼 목 주변에 있는 커다란 눈동자 무늬는 몸집을 더 커 보이게 해 적을 위협했을 것이다.

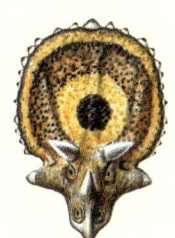  

몸 색깔 상상하기

공룡의 몸 색깔을 정확하게 알 수는 없다. 그래서 초식 공룡은 포식자의 눈에 띠지 않기 위해서, 또 육식 공룡은 몸을 숨겼다가 초식 공룡에게 달려들기 위해서, 모두 어두운 색을 띠었을 것으로 추측한다.

갑옷, 골판, 뿔

조반목 공룡은 모두 초식 동물이었다. 따라서 빠른 육식 공룡의 공격을 잘 방어해야만 살아남을 수 있었다. 조반목 공룡은 중생대 후기가 되자, 다른 어떤 동물들보다도 발달한 갑옷을 갖추게 되었다. 가장 좋은 예는 검룡류나 각룡류의 가시, 곡룡류의 갑옷, 검룡류의 골판 등이다. 그리고 대부분의 조반목 공룡 피부에는 뼈 피부라는 작은 뼛조각들이 붙어 있다. 갑옷은 딱딱한 것이 있는가 하면 물렁한 것도 있었고, 단단한 것이 있는가 하면 속이 빈 것도 있었다. 갑옷이나 뿔은 적에게 공격받기 쉬운 곳에 발달했고, 주로 몸집을 크게 보이게 해 적이 겁먹고 도망가게 만들었다. 달려드는 적에게는 가시나 뿔을 휘둘러 큰 상처를 입혔다.

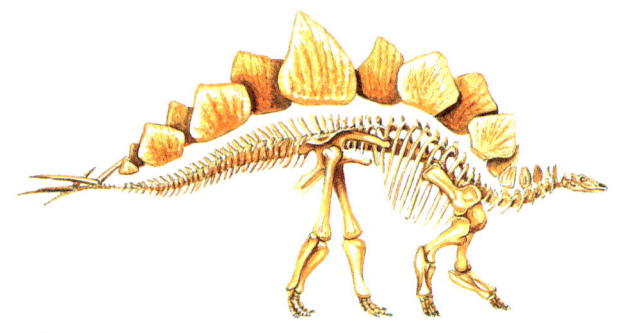

스테고사우루스는 골판의 피부 색깔을 바꾸어 육식 공룡이 덤벼들지 못하도록 위협했다.

🐞 방어와 체온 조절

스테고사우루스는 목 뒷부분부터 꼬리 중간 부분에 이르는 등뼈를 따라 골판이 달려 있었다. 골판은 방어뿐만이 아니라, 열을 내보내 체온 조절을 하는 데에도 이용되었다.

🐞 방어를 위한 몸

곡룡류는 갑옷으로 몸을 보호했다. 유오플로케팔루스는 갑옷과 어깨에 크고 두꺼운 가시, 꼬리에 혹이 있었다. 모두 포식자가 물어뜯지 못하도록 만들기 위한 것이다. 이처럼 몸에 많은 뼈를 지니고 있으려면, 많은 칼슘이 필요하다. 따라서 부족한 칼슘을 보충하기 위해 초식 동물인데도 불구하고 작은 벌레를 잡아먹었을 것이다.

유오플로케팔루스의 머리 갑옷은 두개골과 붙어 있다. 두개골에는 구멍이 8개나 있어 보기보다 가벼웠다.

유오플로케팔루스의 등을 덮고 있는 갑옷은 좌우로 가늘고 길게 펼쳐진 띠 모양의 판들로 나뉘어 있다. 이것은 갑옷이 유연하게 움직일 수 있도록 도와 준다.

코에 난 뿔 센트로사우루스류는 코에 큰 뿔이 있다. 목 둘레에 있는 프릴은 작았지만, 가장자리에 크고 작은 가시가 있다.

눈 위에 난 뿔 카스모사우루스류는 눈 위에 큰 뿔이 났다. 목둘레에 있는 프릴은 크지만, 가장자리에 난 가시는 작다.

🐞 트리케라톱스의 뿔

트리케라톱스는 가장 늦게 등장한 초식 공룡이다. 트리케라톱스의 적은 티라노사우루스였다. 눈 위에 1m가 넘게 자란 뿔은 머리를 지켜 줄 뿐만 아니라, 티라노사우루스의 다리를 찌를 수 있다.

갈고리 발톱과 가시

공룡의 갈고리 발톱이나 가시는 공격이나 방어에 모두 이용되었다. 공룡의 발톱은 얇은 것, 두꺼운 것, 짧은 것, 긴 것, 곧은 것, 휜 것 등 크기나 모양이 아주 다양했다. 특히 발톱은 여러 근육이 받쳐 주고 있기 때문에 위험한 공격 무기였다. 뒷다리로 서서 공격할 때는 앞발의 발톱도 무서운 무기가 되었다. 초식 공룡들이 가진 가장 효과적인 무기는 날카롭게 솟아 있는 가시였다.

유타랍토르는 새처럼 생긴 수각류이다. 양발에는 23cm에 이르는 낫처럼 생긴 발톱이 있다.

모든 공룡의 발톱이 공격이나 방어에 쓰인 것은 아니다. 모노니쿠스는 짧은 양팔에 하나의 발톱이 있는 작은 수각류이다.

알로사우루스는 강력한 포식자였다. 한 발에 3개의 발톱이 있는데, 모두 끝이 날카롭고 구부러져 있는 갈고리 모양이었다.

치명적인 무기

스테고사우루스의 한 종류인 다켄트루루스는 움직이는 요새였다. 긴 가시를 적의 몸 깊숙이 찔러 넣었는데, 적을 죽이기 위해서라기보다는 공격을 멈추게 하기 위해서였다. 어깨와 꼬리에 난 가시는 몸집이 큰 적의 다리와 같은 높이에 있었다.

티라노사우루스의 이빨 화석이다. 치근이 치관보다 세 배는 길다. 치근이 길기 때문에, 거세게 몸부림치는 먹이를 물고 있어도 이빨이 빠지지 않았다.

이빨

공룡의 이빨은 치근과 치관이라는 두 부분으로 나뉜다. 치관은 바깥쪽이 딱딱한 에나멜 층으로 덮여 있고, 안쪽은 부드럽다. 육식 공룡은 치근이 길고, 초식 공룡은 치근이 짧다.

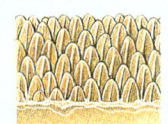
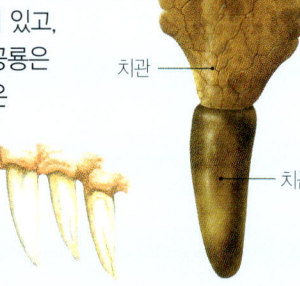

치관 — 치근

오른쪽은 초식 공룡인 오리주둥이 공룡의 이빨이다. 수많은 이빨들이 맞물려 있다. 가운데에 단검처럼 생긴 것이 수각류의 이빨이다. 고기를 찢기 쉽도록 떨어져 있다.

알로사우루스
Allosaurus

알아보기
- 학명의 뜻 : 별난 도마뱀
- 살았던 시대 : 쥐라기 후기
- 분류 : 수각류
- 먹이 : 육식
- 몸 길이 : 12m 정도
- 화석 발견지 : 미국(1877년)

알로사우루스는 가장 유명한 공룡 중 하나이다. 몸집이 거대하고 육중한 전형적인 쥐라기 육식 공룡이다. 태어나서 죽을 때까지 늘 주변의 다른 동물들을 두려움으로 떨게 만들었다. 갓 태어난 새끼 때에는 파충류, 포유류, 곤충을 잡아먹었고, 조금 자라면 다른 공룡들의 새끼를 잡아먹었다. 다 자라면 거의 모든 동물을 먹이로 삼았다. 만약 자기보다 몸집이 커서 잡아먹기 힘든 경우는 사체를 먹었다. 알로사우루스는 근육이 발달한 앞발과 끝이 톱니처럼 생긴 이빨로 먹이를 순식간에 찢어 먹었을 것이다.

알로사우루스의 먹이

알로사우루스는 1억 5000만 년 전에 북아메리카 대륙을 뒤덮고 있던 숲속을 돌아다녔다. 대부분은 캄프토사우루스와 같은 작은 초식 공룡을 잡아먹었지만, 가끔 데이노니쿠스 같은 몸집이 큰 용각류에게 달려들기도 했다. 짝을 짓거나 몇 마리가 무리 지어 사냥을 했지만, 혼자서 먹이를 쫓기도 했다.

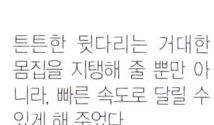

튼튼한 뒷다리는 거대한 몸집을 지탱해 줄 뿐만 아니라, 빠른 속도로 달릴 수 있게 해 주었다.

알로사우루스의 무기

알로사우루스는 타고난 사냥꾼이었다. 먹이를 움켜쥐는 강력한 발톱, 면도칼처럼 예리한 이빨, 입을 크게 벌릴 수 있는 유연한 턱을 지닌 무시무시한 포식자이기도 했다.

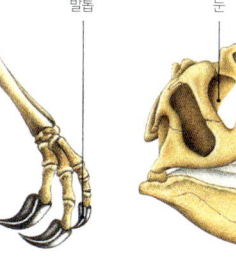

갈고리 발톱
앞발에는 끝이 갈고리처럼 휜 날카로운 발톱이 달린 발가락이 3개 있다. 발가락으로 물건을 집었을 가능성도 있다.

유연한 관절
아래턱에 있는 유연한 관절은 입을 크게 벌릴 수 있게 해 먹이를 물어 뜯을 수 있다.

아벨리사우루스
Abelisaurus

남아메리카 대륙에서 번성했던 육식 공룡 중 하나이다. 북아메리카 대륙에 살았던 유명한 티라노사우루스와 떨어져서 따로 진화했다. 두개골이 위아래로 길었고, 턱 근육이 아주 발달해 먹이를 한 번 물면 반격할 틈을 주지 않고 재빨리 숨을 끊었다. 길이가 1m나 되는 두개골이 발견되었지만, 다 자란 아벨리사우루스의 것인지, 아닌지는 아직 밝혀지지 않았다.

알아보기
- 학명의 뜻 : 로베르토 아벨의 이름을 땀
- 살았던 시대 : 백악기 후기
- 분류 : 수각류
- 먹이 : 육식
- 몸 길이 : 2m 정도
- 화석 발견지 : 아르헨티나(1985년)

아구스티니아
Agustinia

검룡류, 곡룡류, 호저를 합쳐 놓은 듯한 모습이다. 피부는 "뼈 피부"라 부르는 뼈 덩어리로 덮여 있다. 등줄기에는 뼈로 된 가시가 옆쪽을 향해 두 줄로 나 있는데 어떤 가시는 길이가 무려 75cm나 된다. 목이나 꼬리에도 가시가 있었을 것으로 보인. 아구스티니아는 부분적인 골격밖에 발견되지 않아 앞으로 새로운 화석이 발견되면, 지금보다 기묘한 모습을 하고 있었다는 사실이 밝혀질지도 모른다.

알아보기
- 학명의 뜻 : 어거스틴 마티넬리의 이름을 땀
- 살았던 시대 : 백악기 전기
- 분류 : 용각류
- 먹이 : 초식
- 몸 길이 : 15m 정도
- 화석 발견지 : 아르헨티나(1999년)

안킬로사우루스
Ankylosurus

안킬로사우루스의 두개골 바깥 부분은 갑옷으로 덮여 있다. 두개골 위에 뼈로 된 헬멧이 붙어 있다고 상상하면 된다. 코 안의 공기가 지나는 통로는 8개의 작은 방으로 나뉘어져 있다. 이 방들은 들이마신 공기의 온도와 습도를 조절하고, 코 안 점막의 면적을 넓혀 후각을 예민하게 하는 역할을 했을 것이다. 등은 유연한 갑옷 판으로 덮여 있고, 꼬리 끝에는 무거운 뼈 덩어리가 달려 있었다. 이 뼈 덩어리를 좌우로 흔들면 티라노사우루스의 무릎에 치명적인 상처를 줄 수 있었다. 안킬로사우루스는 느렸지만 적이 함부로 공격할 수 없는 움직이는 요새였다.

알아보기
- 학명의 뜻 : 뼈가 붙은 도마뱀
- 살았던 시대 : 백악기 후기
- 분류 : 곡룡류
- 먹이 : 초식
- 몸 길이 : 10m 정도
- 화석 발견지 : 미국(2006년)

고비 사막에서 발견된 안킬로사우루스의 화석이다. 이 공룡은 몸의 뼈와 붙은 갑옷으로 적의 공격으로부터 몸을 보호할 수 있었다.

안킬로사우루스의 꼬리에 달린 뼈 덩어리는 아주 무거워서 한 방에 포식자의 뼈를 부술 정도였다.

단단한 피부
안킬로사우루스 몸을 덮은 갑옷은 등줄기를 따라 가시가 나 있고 두꺼운 골판으로 이루어져 있다.

다켄트루루스
Dacentrurus

다켄트루루스는 유럽에 살았던 거대한 검룡류이다. 같은 시대에 북아메리카 대륙에 살았던 스테고사우루스처럼 등은 골판으로 덮여 있고, 등줄기를 따라 꼬리에 이르기까지 긴 가시가 나 있다. 네 다리는 기둥처럼 튼튼하고, 허벅지 뼈가 정강이뼈보다 길었다. 수각류보다 빨리 달려 도망갈 수는 없었지만, 대신 방어 능력이 뛰어났다. 예를 들어, 꼬리를 좌우로 휘둘러 수각류의 다리뼈에 가시를 깊이 박아 치명적인 상처를 입힐 수 있었다.

알아보기
- 학명의 뜻 : 아주 날카로운 꼬리
- 살았던 시대 : 쥐라기 후기
- 분류 : 검룡류
- 먹이 : 초식
- 몸 길이 : 8m 정도
- 화석 발견지 : 영국, 포르투갈(1902년)

카마라사우루스
Camarasaurus

🐌 카마라사우루스는 쥐라기 후기 미국 서부에 번성했던 수각류이다. 이 시기의 공룡 중 가장 많은 화석이 발견된 것으로 성장 단계별로 다양한 화석이 남아 있다. 카마라사우루스는 초식 공룡으로, 무리지어 이동했을 것이다. 이빨 한 개가 16cm에 이를 정도로 길어 질긴 나뭇가지도 쉽게 뜯어 먹을 수 있었다. 불룩한 코 안에 큰 구멍이 있는 것으로 보아 뛰어난 후각을 가졌을 것이다.

카마라사우루스의 이빨은 숟가락 모양으로 생겼고, 끝이 날카로웠다. 이런 이빨은 높은 곳에 있는 나뭇잎이나 가지를 뜯는 데 유리하지만, 씹는 역할은 거의 못한다.

알아보기
- 학명의 뜻 : 구멍이 있는 공룡
- 살았던 시대 : 쥐라기 후기
- 분류 : 수각류
- 먹이 : 초식
- 몸 길이 : 18m 정도
- 화석 발견지 : 미국(1877년)

카르카로돈토사우루스
Carcharodontosaurus

알아보기
- 학명의 뜻 : 상어 이빨 공룡
- 살았던 시대 : 백악기 전기
- 분류 : 수각류
- 먹이 : 육식
- 몸 길이 : 13m 정도
- 화석 발견지 : 북아프리카(1931년)

🐌 카르카로돈토사우루스는 9000만 년 전에 아프리카에 살았던 공룡이다. 티라노사우루스와 크기가 비슷했을 거라고 추측했지만, 그보다 조금 작았을 것으로 보고 있다. 두개골 크기는 티라노사우루스보다 작지만, 먹이를 물어뜯는 속도가 빨랐고, 이빨도 더 날카로워 고기를 잘 찢을 수 있었다. 아마 몸집이 큰 용각류를 주로 잡아먹었을 것이다. 카르카로돈토사우루스의 이빨은 다른 수각류들과 달리 끝이 뾰족한 삼각형이다.

센트로사우루스
Centrosaurus

캐나다 앨버타 주에는 센트로사우루스만을 위한 주립 공룡 공원이 있다. 이 공원 안에는 수만 개의 센트로사우루스 화석이 남아 있다. 과학자들은 센트로사우루스 무리가 홍수가 난 강을 건너려다 익사했을 것이라고 추측하고 있다.

이곳에는 전 세계 고생물 학자들의 수보다 많은 센트로사우루스의 화석이 아직 발굴되지 않은 채 남아 있다.

알아보기
- 학명의 뜻 : 뾰족한 뿔이 달린 공룡
- 살았던 시대 : 백악기 후기
- 분류 : 각룡류
- 먹이 : 초식
- 몸 길이 : 6m 정도
- 화석 발견지 : 미국, 캐나다(1904년)

케라토사우루스
Ceratosaurus

케라토사우루스는 초기 수각류의 하나로, 코 끝에 뿔이 달린 것이 특징이다. 이뿔은 다자란 케라토사우루스에게만 있다. 크기가 너무 작아서 실제로 싸움에 이용되기보다는 적에게 겁을 주기 위한 용도로 쓰였을 것이다. 완벽한 골격과 두개골 화석 단 하나만 발견되었다.

알아보기
- 학명의 뜻 : 뿔난 도마뱀
- 살았던 시대 : 쥐라기 후기
- 분류 : 수각류
- 먹이 : 육식
- 몸 길이 : 6m 정도
- 화석 발견지 : 미국(1884년)

데이노니쿠스
Deinonychos

데이노니쿠스는 1970년대 존 오스트롬 박사가 공룡이 활동적이고 민첩하다는 것을 보여 주기 위해 예로 든 동물이다. 그 때까지 사람들은 공룡은 느리고 둔한 '냉혈 동물'이라고만 믿었다. 데이노니쿠스는 온 몸이 털로 덮여 있고, 발에는 300°까지 회전할 수 있는 갈고리발톱이 있다. 이 공룡은 가장 좋아하는 먹이 중 하나인 테논토사우루스의 화석과 함께 발견되었다.

날카로운 발톱과 이빨

데이노니쿠스는 몸집이 작았지만, 우선 날카로운 발톱으로 적을 찌른 뒤에 발톱을 돌려 치명적인 상처를 입혔다. 이런 발톱과 날카로운 이빨 덕분에 데이노니쿠스는 무서운 포식자가 되었다.

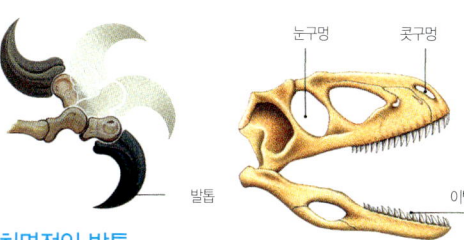

치명적인 발톱
발톱의 길이는 13cm나 되었다.

톱과 같은 이빨
데이노니쿠스는 끝이 휜 이빨로 먹이를 잔인하게 물어뜯을 수 있었다. 이 이빨을 톱처럼 진동시켜 근육과 피부를 찢을 수 있었다.

알아보기
- 학명의 뜻 : 끔찍한 발톱
- 살았던 시대 : 백악기 전기
- 분류 : 수각류
- 먹이 : 육식
- 몸 길이 : 3m 정도
- 화석 발견지 : 미국(1969년)

유오플로케팔루스
Euoplocephalus

유오플로케팔루스는 사람들이 흔히 검룡류를 상상할 때 떠올리는 탱크 같은 모습을 하고 있다. 꼬리의 끝 부분에는 몇 개의 뼈들이 서로 들러붙은 곤봉 모양의 덩어리가 있다. 다 자란 유오플로케팔루스가 꼬리를 흔들어 치면, 포식자인 티라노사우루스의 무릎 정도는 쉽게 부술 수 있었을 것이다. 만약 적에게 둘러싸이면, 땅바닥에 납작 엎드려 적들이 물어뜯을 수 없는 갑옷 속에 최대한 숨었다.

알아보기
- 학명의 뜻 : 무장된 머리
- 살았던 시대 : 백악기 후기
- 분류 : 검룡류
- 먹이 : 초식
- 몸 길이 : 8m 정도
- 화석 발견지 : 미국, 캐나다(1910년)

람베오사우루스
Lambeosaurus

알아보기
- 학명의 뜻 : 램의 도마뱀
- 살았던 시대 : 백악기 후기
- 분류 : 조각류
- 먹이 : 초식
- 몸 길이 : 15m 정도
- 화석 발견지 : 캐나다, 미국(1923년)

람베오사우루스는 속이 빈 볏을 가진 오리주둥이 공룡 중에서 가장 유명하다. 볏이 없는 오리주둥이 공룡에 비하면, 부리의 폭이 좁아 그만큼 먹이를 가려 먹어야 했다. 람베오사우루스라는 이름은 19세기 말과 20세기에 활동했던 캐나다의 고생물학자 로렌스 램의 이름을 따 온 것이다. 램은 이 공룡을 포함해 몇몇 새로운 종류의 공룡을 발견했다.

디플로도쿠스
Diplodocus

공룡에게도 '맵시 있다'는 표현을 쓸 수 있다면, 아마도 디플로도쿠스에게 가장 적절한 표현일 것이다. 디플로도쿠스의 몸통은 코끼리보다 조금 컸고, 목과 꼬리가 아주 길었다. 이 공룡은 강이나 호수 옆에 서 있다가 긴 목을 진공 청소기처럼 이용해 주변의 식물을 휩쓸어 먹었을 것이다. 용각류는 음식을 씹지 못했기 때문에 디플로도쿠스도 뾰족한 이빨을 갈퀴처럼 사용해 식물을 모은 뒤 꿀꺽 삼켰다.

디플로도쿠스의 발

디플로도쿠스는 커다란 네 다리로 큰 몸을 지탱했고, 코끼리처럼 발가락으로 땅을 짚으며 걸었다.

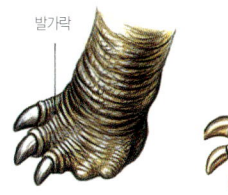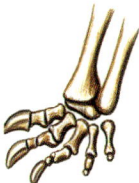

알아보기
- 학명의 뜻 : 이중 들보
- 살았던 시대 : 쥐라기 후기
- 분류 : 용각류
- 먹이 : 초식
- 몸 길이 : 30m 정도
- 화석 발견지 : 미국(1878년)

뒷다리로 일어서기

디플로도쿠스는 뒷다리가 앞다리보다 길다. 아마 자신의 키보다 큰 나무에 달린 잎을 먹을 때에는 뒷다리로 섰을 것이다. 그리고 이런 자세로 적을 위협했을지도 모른다.

후탈롱코사우루스
Futalongkosaurus

후탈롱코사우루스는 최후에 나타난 용각류의 거대한 무리인 티타노사우루스류에 속한다. 후탈롱코사우루스는 키 큰 나무를 먹을 수 있을 정도로 긴 목을 지탱하기 위해 몸이 거대했다. 어미는 새끼들이 먹을 수 있도록 높은 나무의 가지를 입으로 끌어당겨 주었을 것이다. 아마도 태어나서 1년 정도가 될 때까지 새끼들은 주로 키 작은 덤불을 먹고 자랐을 것이다.

알아보기
- 학명의 뜻 : 거대한 족장 도마뱀
- 살았던 시대 : 백악기 후기
- 분류 : 용각류
- 먹이 : 초식
- 몸 길이 : 33m 정도
- 화석 발견지 : 아르헨티나(2007년)

거대한 거인

후탈롱코사우루스보다 클 것으로 추정되는 공룡들이 몇몇 있다. 지금까지 가장 큰 공룡으로 알려진 암피코일리아스는 몸길이가 60m이고, 브루하트카요사우루스는 44m, 아르젠티노사우루스는 45m인 것으로 추측한다. 하지만 이 공룡들 모두 전신 골격이 아닌 부분적인 골격 화석만 발견된 상태이다.

가르고일레오사우루스
Gargoyleosaurus

가르고일레오사우루스의 화석은 지금까지 발견된 곡룡류의 화석 중에서 가장 오래 된 것이다. 곡룡류는 대부분 백악기에 번성했기 때문에, 쥐라기의 곡룡류 화석은 지금까지 2개밖에 발견되지 않았다. 가르고일레오사우루스의 화석이 그 중 하나이다. 이 공룡의 갑옷은 오늘날 가시도마뱀과 비슷하다. 몸통의 양옆을 따라 날카로운 가시가 나란히 달려 있다. 대부분의 검룡류는 부리 앞쪽에 이빨이 없는데, 이 공룡은 특이하게도 7개 정도 나 있다.

알아보기
- 학명의 뜻 : 가고일 도마뱀
- 살았던 시대 : 쥐라기 후기
- 분류 : 곡룡류
- 먹이 : 초식
- 몸 길이 : 3m 정도
- 화석 발견지 : 미국(1998년)

가스토니아
Gastonia

가스토니아는 골반 위쪽이 방패와 같은 갑옷으로 덮여 있다. 또 등을 따라 굵고 날카로운 가시가 나 있고, 좀 더 작고 날카로운 가시가 몸의 옆면을 따라 꼬리까지 나 있다. 같은 장소에서 발견된 유타랍토르처럼 갑옷과 가시를 이용해 적으로부터 몸을 지켰을 것이다. 가스토니아는 철저하게 무장한 곡룡류 중 하나이지만, 꼬리에 곤봉처럼 생긴 뼈 덩어리는 없다.

알아보기
- 학명의 뜻 : 가스톤의 것
- 살았던 시대 : 백악기 전기
- 분류 : 곡룡류
- 먹이 : 초식
- 몸 길이 : 4.5m 정도
- 화석 발견지 : 미국(1998년)

헤레라사우루스
Herrerasausus

헤레라사우루스에 대해서는 과학자들의 주장이 엇갈린다. 몇몇 과학자들은 헤레라사우루스가 아르헨티나에 살았던 초기 수각류라고 하지만, 공룡이 아니라는 의견도 있다. 바로 뼈 화석 때문이다. 이 공룡의 척추뼈 등 두 마디가 골반뼈에 붙어 있는데, 원래 공룡은 척추뼈 중 세 마디가 골반뼈에 붙어 있다. 그러므로 헤레라사우루스는 수각류 공룡이 아닐지도 모른다.

알아보기
- 학명의 뜻 : 헤레라의 도마뱀
- 살았던 시대 : 트라이아스기 후기
- 분류 : 수각류
- 먹이 : 육식
- 몸 길이 : 2m 정도
- 화석 발견지 : 아르헨티나(1963년)

헤테로돈토사우루스
Heterodontosaurus

헤테로돈토사우루스는 특이하게 세 종류의 이빨이 있다. 식물을 자르는 데 쓰는 앞니와 송곳니 자리에 난 날카로운 엄니, 그리고 안쪽에 식물을 씹어먹기 알맞은 이빨들이 나 있다. 다른 공룡들에게는 엄니가 없기 때문에 헤테로돈토사우루스가 이 이빨을 어떻게 사용했는지는 밝혀지지 않았다. 아마도 적을 위협할 때 이빨을 드러내 보였을지도 모른다.

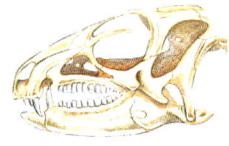

헤테로돈토사우루스의 송곳니는 육식 동물의 엄니와 비슷하다. 엄니는 적을 위협해 쫓거나 식물의 뿌리를 파낼 때 사용했을 것이다.

알아보기
- 학명의 뜻 : 다른 이빨을 가진 도마뱀
- 살았던 시대 : 쥐라기 전기
- 분류 : 각룡류
- 먹이 : 초식
- 몸 길이 : 1.2m 정도
- 화석 발견지 : 남아프카 공화국(1962년)

갈리미무스
Gallimimus

갈리미무스는 키가 사람의 두 배 정도이고, 티라노사우루스를 앞지를 정도로 빨리 달렸다. 눈이 비교적 커서 밤에도 포유류를 사냥할 수 있었을 것이다. 눈이 양 옆에 있어 시야가 넓었지만 사물을 입체적으로 보지는 못했다. 갈리미무스는 이빨이 없고 부리가 있는 것으로 보아, 초식과 육식이 모두 가능했던 것으로 보인다. 앞발이 길어 땅바닥에 닿았기 때문에 식물, 포유류, 도마뱀과 그 외 작은 먹이들을 쉽게 움켜쥐고 먹었을 것이다. 갈리미무스는 키가 2m가 넘고, 몸 길이가 5m에 이르는 가장 큰 조각류였다.

알아보기
- 학명의 뜻 : 새와 비슷한 것
- 살았던 시대 : 백악기 후기
- 분류 : 조각류
- 먹이 : 잡식(초식, 약간 육식)
- 몸 길이 : 5m 정도
- 화석 발견지 : 몽골(1972년)

갈리미무스의 부리는 날카롭고 좁았다. 이런 부리는 곤충, 작은 동물, 알 등을 단번에 물어서 꿀꺽 삼키는 데 아주 적당했다.

빨리 달리는 공룡
갈리미무스가 알베르토사우루스를 피해 도망가면 따라잡기가 힘들다. 갈리미무스는 시속 48km까지 속도를 낼 수 있었다. 게다가? 재빨리 방향을 바꾸거나 수풀사이를 빠져나가며 적을 따돌릴 수 있었다.

인키시보사우루스
Incisivosaurus

인키시보사우루스는 오비랍토르류 중에서도 가장 원시적인 공룡이다. 부리 안에 이빨이 없는 다른 오비랍토르류와는 달리 쥐의 앞니와 같은 이빨이 나 있다. 아마도 초식 공룡으로 진화하는 중이었을 것이다. 몸집은 커다란 새 정도이고, 깃털이 나 있다. 두개골은 길이가 10cm 정도이다.

알아보기
- 학명의 뜻 : 앞니 도마뱀
- 살았던 시대 : 백악기 후기
- 분류 : 수각류
- 먹이 : 육식
- 몸 길이 : 1m 정도
- 화석 발견지 : 중국(2002년)

튀어나온 송곳니

대부분의 오비랍토르는 이빨이 없다. 하지만 인키시보사우루스는 볼 안 쪽에 말뚝처럼 박혀 있는 이빨 말고도 앞쪽에 뾰족하게 튀어나온 송곳니가 있다. 과학자들은 인키시보사우루스가 프로트아르카이옵테릭스와 같은 종류일 것으로 추측하고 있다.

구안롱
Guanlong

구안롱은 쥐라기 후기인 1억 6000만 년 전에 살았다. 이 공룡은 최초의 티라노사우루스 중 하나이다. 티라노사우루스는 대부분 백악기 후기에 살았고, 발가락이 2개였다. 하지만 구안롱은 양 발에 각각 3개의 발가락이 있고, 독특하게도 머리 위에 볏이 달렸다. 볏은 주둥이 위로 6cm 정도 솟아올라 있었는데, 너무 얇고 부서지기 쉬워 무기로 사용되지는 않았을 것이다. 아마 짝짓기로 상대를 부르거나 동료인지 적인지 구분하기 위한 수단으로 쓰였을 것이다.

알아보기
- 학명의 뜻 : 왕관을 쓴 용
- 살았던 시대 : 쥐라기 후기
- 분류 : 조각류
- 먹이 : 육식
- 몸 길이 : 3m 정도
- 화석 발견지 : 중국(2006년)

구안롱의 친척
구안롱은 딜롱의 먼 친척뻘이기 때문에, 딜롱과 마찬가지로 깃털이 있었을 것이다. 이 공룡의 허리 높이는 1.2m 정도였다. 또 다른 먼 친척인 티라노사우루스 렉스와 크기를 비교하면 3분의 1 정도에 지나지 않는다.

메이
Mei

메이의 화석은 놀랍도록 특이한 자세로 발견되었다. 양발 사이에 머리를 묻은 채 잠자는 모습이었는데, 이것은 오늘날 새들이 휴식을 취할 때 볼 수 있는 전형적인 자세이다. 전신 골격이 거의 완벽하게 보존된 것으로 보아, 화산 폭발 때 유독 가스를 마시고 죽은 뒤에 바로 묻힌 듯하다. 메이 화석은 두개골의 뼈가 완전히 붙지 않았기 때문에 어린 새끼로 추측된다.

알아보기
- 학명의 뜻 : 깊이 잠든(용)
- 살았던 시대 : 백악기 전기
- 분류 : 수각류
- 먹이 : 육식
- 몸 길이 : 0.5~1m 정도
- 화석 발견지 : 중국(2004년)

잠자는 미녀
잠자는 자세로 발견된 공룡 화석은 메이가 최초이다. 1억 3000만 년이 지나서도 완벽한 상태로 보존되어 있다. 이 화석 덕분에 오늘날 새처럼 웅크리고 자는 공룡이 있다는 것을 알게 되었다.

에드몬토니아
Edmontonia

알아보기
- 학명의 뜻 : 에드몬톤(캐나다)에서 난 것
- 살았던 시대 : 백악기 후기
- 분류 : 검룡류
- 먹이 : 초깃
- 몸 길이 : 7m 정도
- 화석 발견지 : 미국, 캐나다(1928년)

에드몬토니아는 등에 띠 모양의 유연한 갑옷을 두루고 있어 살아 있는 탱크처럼 보인다. 어깨에는 끝이 두갈래로 갈라진 두꺼운 가시가 있어 티라노사우루스와 같은 적의 다리를 찌를 수 있었다. 이 공룡은 몸 전체가 두꺼운 피부, 뼈로 된 돌기, 가시로 덮여 있다. 이빨은 큰 몸집에 비해 아주 작았고, 이빨 하나의 크기가 아기의 유치 정도였다. 에드몬토니아의 몸이 갑옷에 싸여 있는 이유는 주요 먹이였던 개미나 흰개미에게 물리지 않기 위서였다는 주장도 있다.

에드몬토니아의 머리는 상자처럼 평평하고 길쭉하다. 서로 달라붙은 채 머리 표면을 덮고 있는 여러 장의 골판이 뇌, 눈, 코 등을 보호하고 있다.

민미
Minmi

민미는 오스트레일리아의 퀸즐랜드에서 발견된 곡룡류이다. 대부분의 곡룡류는 몸에 띠 모양의 갑옷을 여러 개 나란히 두르고 있다. 하지만 민미는 머리에서 꼬리 방향으로 띄엄띄엄 줄지어 늘어선 형태이다. 배 부분에 있는 갑옷은 작은 자갈 크기의 육각형 골판들로 이루어져 거북의 등딱지와 비슷하다. 민미의 화석은 곤드와나가 여러 대륙으로 나뉘기 전에 곡룡류가 오스트레일리아 대륙으로 건너갔음을 보여 준다.

알아보기
- 학명의 뜻 : 민미 교차로(오스트레일리아)에서 난 도마뱀
- 살았던 시대 : 백악기 전기
- 분류 : 곡룡류
- 먹이 : 초식
- 몸 길이 : 2.5m 정도
- 화석 발견지 : 오스트레일리아(1980년)

오비랍토르
Ovirapton

오비랍토르 화석은 발굴되었을 때 둥지 위에서 알을 감싸고 있는 모습이었다. 이것을 보고 사람들은 오비랍토르가 프로토케라톱스의 알을 훔치는 중이었을 것이라고 믿었다. 하지만 오늘날 학자들은 모성이 강한 어미 오비랍토르가 자신의 알을 보호하는 중이었다고 추측한다. 오비랍토르는 나이를 먹으면서 머리 위의 볏 모양이 다양하게 변했다. 이빨은 나지 않았고, 단단한 부리와 위턱에 이빨을 닮은 돌기가 2개 있었다.

공룡의 볏은 모양이 다양하고 살아 있는 동안 계속 변한다.

알아보기
- 학명의 뜻 : 알 도둑
- 살았던 시대 : 백악기 후기
- 분류 : 수각류
- 먹이 : 잡식
- 몸 길이 : 3m 정도
- 화석 발견지 : 중국, 몽골(1924년)

오비랍토르는 처음에 이름의 뜻대로 '알 도둑'으로 오해를 받았다. 하지만 오늘날 과학자들은 알을 훔치는 것이 아니라, 돌보는 중이었다고 추측한다.

🐞 저녁 식사

어미 오비랍토르가 배고픈 새끼들이 기다리는 둥지로 돌아왔다. 입에는 갓잡은 벨로키랍토르를 물고 있다. 과학자들은 둥지 위에서 네 발로 알을 감싸고 있는 오비랍토르들의 화석을 발견했는데 아마도 알을 품고 있었을 것이다.

펠레카니미무스
Pelecanimimus

펠레카니미무스는 수각류 중에서 타조를 닮은 무리에 속한다. 이 무리는 대부분 이빨이 없지만, 펠레카니미무스는 이빨이 220개가 넘었다. 이렇게 많은 작은 이빨들은 먹이를 자르는 좋은 도구이면서, 입 안 가득 마신 물에서 먹이가 될 작은 생물체들을 걸러 주는 역할을 하기도 했다. 이 공룡은 힘이 센 혀가 있고, 긴 앞발에 달린 3개의 발가락은 한데 모아 갈고리처럼 쓸 수 있었다. 몇몇 피부 인상 화석이 발견되기는 했지만, 실제로 깃털이 났던 흔적은 없다.

알아보기
- 학명의 뜻 : 펠리칸을 닮은 것
- 살았던 시대 : 백악기 초기
- 분류 : 수각류
- 먹이 : 육식
- 몸 길이 : 2~2.5m 정도
- 화석 발견지 : 스페인(1994년)

목주머니
펠레카니미무스의 가장 뚜렷한 특징은 목 아래에 쭈글쭈글 접힌 채 늘어져 있는 피부이다. 마치 펠리컨의 목 주머니와 비슷하다.

프로토케라톱스
Protoceratops

프로토케라톱스는 한반도를 포함한 아시아에 살았던 공룡으로 수백 개의 완벽한 두개골과 골격 화석이 발견되었다. 특히 고비 사막에서 발견된 프로토케라톱스의 화석들은 알에서부터 다 자란 공룡에 이르기까지 아주 다양하다. 프로토케라톱스는 '싸우는 공룡들' 화석으로 유명하다. 이 화석은 프로토케라톱스가 벨로키랍토르의 팔을 문 채, 두 공룡이 뒤엉켜 있는 모습이다. 두 공룡은 모래 언덕 위에서 싸우다가, 언덕이 무너지면서 모래 더미에 파묻혀 죽은 것인지도 모른다.

알아보기
- 학명의 뜻 : 최초의 뿔이 있는 얼굴
- 살았던 시대 : 백악기 전기
- 분류 : 각룡류
- 먹이 : 초식
- 몸 길이 : 3m 정도
- 화석 발견지 : 중국, 몽골, 한국(1923년)

프로토케라톱스의 입은 앵무새 부리를 닮아, 식물을 쉽게 자를 수 있었다. 그리고 가위 같은 이빨로 음식을 잘게 쪼갰다.

프로토케라톱스의 프릴은 얼굴에서 목 뒤를 지나 등에 이르는 부분까지 잘 발달되어 있다. 하지만 뿔은 나지 않았다.

🐞 끝까지 싸우기

벨로키랍토르가 프로토케라톱스와 싸우는 모습을 상상한 그림이다. 두 공룡이 격렬하게 싸우다가 다른 공룡의 알을 부수고 있다. 7000만 년 전에 일어났던 일을 재현한 것이다.

시노칼리옵테릭스
Sinocalliopteryx

알아보기
- 학명의 뜻 : 중국의 아름다운 깃털(날개)
- 살았던 시대 : 백악기 전기
- 분류 : 수각류
- 먹이 : 육식
- 몸 길이 : 2.4m 정도
- 화석 발견지 : 중국(2007년)

시노칼리옵테릭스는 깃털이 있지만 날 수 없었던 수각류이다. 이 공룡은 쥐라기의 수각류 무리와 닮았지만, 주로 백악기에 살았다. 시노칼리옵테릭스의 몸에 난 깃털은 하늘을 나는 데 적합한 모양이 아니라, 긴 털에 가까웠다. 시노칼리옵테릭스의 화석 중에는 위에서 다른 수각류의 뼈가 발견된 것이 있다. 아마도 다른 작은 공룡을 잡아먹고 살았을 것이다.

 깃털 달린 동료

시노칼리옵테릭스는 중국에서 발견된 또 다른 공룡인 후악시아그나투스의 친척뻘이다. 두 공룡 중 시노칼리옵테릭스가 두 배 정도 더 크다. 시노칼리옵테릭스는 지금까지 발견된 깃털 달린 공룡 중 몸 길이가 가장 긴 공룡이기도 하다.

스테고사우루스
Stegosaurus

스테고사우루스는 골판과 가시로 무장한 공룡 중에 가장 유명하다. 이러한 구조는 적인 알로사우루스, 케라토사우루스, 토르보사우루스 등의 공격으로부터 몸을 지키기 위해 진화한 것이다. 스테고사우루스의 몸에는 17개의 골판과 4개의 가시가 있다. 이 공룡은 거의 달리지 못했기 때문에, 적이 달려들면 가시가 있는 꼬리를 휘두르며 적극적으로 방어해야 했다. 스테고사우루스의 목에도 100개가 넘는 작은 뼛조각이 있었다고 한다.

알아보기
- 학명의 뜻 : 지붕 달린 도마뱀
- 살았던 시대 : 쥐라기 후기
- 분류 : 검룡류
- 먹이 : 초식
- 몸 길이 : 9m 정도
- 화석 발견지 : 미국(1877년)

가시와 골판
스테고사우루스는 꼬리 끝에 있는 가시로 적을 후려치거나 찔렀다. 골판은 적의 공격으로부터 몸을 보호하고 체온을 조절하는 역할을 하기도 했다.

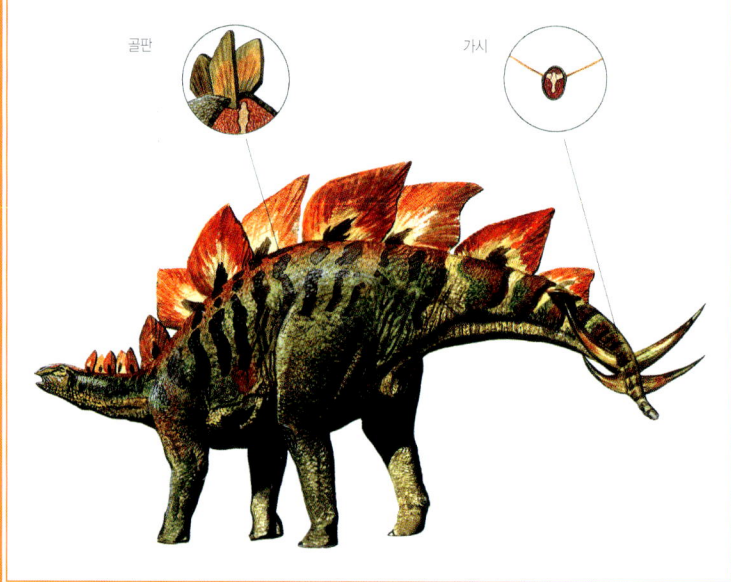

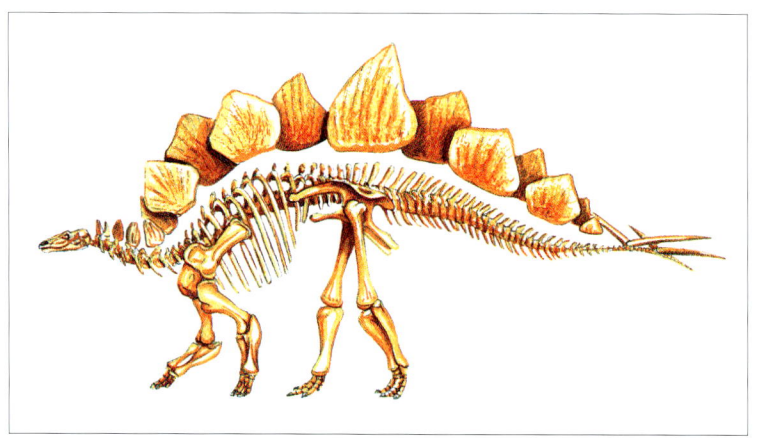

스테고사우루스의 전신 골격을 나타낸 그림이다. 머리에서 꼬리까지 등줄기를 따라 골판이 두 줄로 서로 엇갈려 나 있다.

캐나다 앨버타 주 로얄 티렐 공룡 박물관에 전시된 스테고사우루스의 전신 골격이다. 커다란 몸집에 비해 머리가 아주 작다.

거대한 초식 공룡

스테고사우루스는 머리가 작고, 코가 길다. 이빨은 입안 뒤쪽에 나 있고, 윗니와 아랫니가 서로 맞닿으면서 음식을 잘게 부수었다. 입 앞쪽의 날카로운 부리는 가위처럼 쉽게 먹이를 자를 수 있다. 아마 볼에 주머니가 있어, 부리로 뜯어낸 식물을 씹기 전에 보관해 두었을 것이다.

루곱스
Rugops

루곱스는 아벨리사우루스류의 하나로, 코 위쪽 눈 사이에 강하고 두꺼운 뿔들이 달려 있는 것으로 유명하다. 이 뿔들은 장식 역할을 했는데, 머리 위에도 장식용 볏이 달려 있다. 루곱스의 두개골은 폭이 넓지만, 앞뒤 길이가 짧아 사냥하기에는 턱뼈가 너무 약했을 것이다. 그러므로 다른 공룡의 사체를 먹고 살았을 것이다. 루곱스는 마치 웃고 있는 듯한 표정인데 그 것은 위턱이 위로 휘어 있기 때문이다.

알아보기
- 학명의 뜻 : 주름진 얼굴
- 살았던 시대 : 백악기 후기
- 분류 : 수각류
- 먹이 : 육식
- 몸 길이 : 7~8m 정도
- 화석 발견지 : 니제르(2004년)

새로운 증거

루곱스는 9500만 년 전에 살았다. 루곱스의 발견으로 당시 아프리카 대륙이 남아메리카 대륙과 붙어 있었다는 사실이 밝혀 졌다. 남아메리카 대륙에서도 루곱스와 아주 닮은 또 다른 아벨리사우루스류의 화석이 발견되었기 때문이다.

스티라코사우루스
Styracosaurus

뿔이 있는 각룡류는 크게 센트로사우루스류와 카스모사우루스류로 나뉜다. 센트로사우루스는 목 주변의 프릴이 비교적 짧고, 머리에 두꺼운 가시, 혹, 갈고리 모양의 뿔이 나 있는 것이 많다. 또 대부분 코 끝에 길고 큰 뿔이 나 있는 것이 많다. 또 대부분 코 끝에 길고 큰 뿔이 있다. 유명한 트리케라톱스가 속한 카스모사우루스류는 프릴이 비교적 길고, 눈 위에 난 뿔 2개는 특히 더 길다. 스티라코사우루스는 센트로사우루스류에 포함되며, 프릴 가장자리와 볼에 가시가 있다. 또 코 끝에는 긴 뿔이 달려 있었다. 이 뿔은 단 한 번 찌르는 것만으로도 수각류의 다리를 관통할 만큼 강했다.

위협하기

스티라코사우루스는 뿔과 날카로운 가시가 돋은 프릴을 휘둘러 적을 위협했다. 가시 달린 프릴로는 목을 보호했고, 코 끝에 난 거대한 뿔로는 적의 배를 찔렀을 것이다.

알아보기
- 학명의 뜻 : 가시 달린 도마뱀
- 살았던 시대 : 백악기 후기
- 분류 : 각룡류
- 먹이 : 초식
- 몸 길이 : 5.5m 정도
- 화석 발견지 : 캐나다, 미국(1913년)

우나이사우루스
Unaysaurus

우나이사우루스는 브라질에 살았던 75kg 정도의 작은 원시용각류로, 가장 오래 전에 살았던 것으로 알려진 공룡 중 하나이다. 우나이사우루스는 육지가 판게아라는 하나의 거대한 대륙을 이루었던 쥐라기에 살았다. 현재 유럽 대륙이 된 곳에서 살았던 최초의 거대 용각류인 플라테오사우루스와 친척뻘이기도 하다. 어쩌면 트라이아스기 후기에 우나이사우루스가 브라질에서 독일로 건너가 몸집이 큰 플라테오사우루스로 진화한 것인지도 모른다.

알아보기
- 학명의 뜻 : 검은 물 도마뱀
- 살았던 시대 : 트라이아스기 후기
- 분류 : 용각류
- 먹이 : 초식
- 몸 길이 : 2.4m 정도
- 화석 발견지 : 브라질(2004년)

잘 보존된 화석

우나이사우루스의 화석은 오래 되었다고 알려진 데 비해, 보존 상태가 좋은 편이다. 두개골과 전신 골격이 완벽하게 발굴되지는 않았지만, 많은 뼈들이 살았을 때의 모습 그대로 발굴되었다.

투리아사우루스
Turiasaurus

투리아사우루스는 이제까지 유럽에서 발견된 공룡 중 가장 크다. 앞다리의 뼈 길이가 1.8m 정도이고, 뒷발의 엄지발가락에 달린 갈고리발톱은 축구공만큼 컸다. 투리아사우루스는 용각류 중에서 유명한 디플로도쿠스나 브라키오사우루스와는 달리 독자적으로 진화해 온 공룡으로, 지금까지 알려지지 않은 새로운 무리에 속하는 것으로 보인다.

알아보기
- 학명의 뜻 : 테루엘의 도마뱀
- 살았던 시대 : 쥐라기와 백악기 사이
- 분류 : 용각류
- 먹이 : 초식
- 몸 길이 : 30~37m 정도
- 화석 발견지 : 스페인(2006년)

거대 공룡
투리아사우루스의 무게는 아프리카 코끼리 8마리를 합한 것과 같다. 유럽에 살았던 수각류 중에서 가장 큰 공룡이었을 테지만, 아메리카나 아프리카 대륙에서 발견된 거대 공룡에는 미치지 못했다.

트리케라톱스
Triceratops

트리케라톱스는 지구상에서 최후까지 살아 남았던 공룡 중 하나이다. 이 공룡은 티라노사우루스의 먹이로도 유명하다. 머리 아래쪽의 육중한 턱뼈는 머리 위쪽의 프릴과 균형을 이루고 있다. 트리케라톱스의 턱은 역사상 모든 초식 동물 가운데 가장 셌다. 이빨은 자연스럽게 갈려 끝이 아주 날카로웠고, 많이 닳으면 계속 새로운 이빨로 교체 되었다. 트리케라톱스는 강력한 이빨과 턱을 원예용 가위처럼 사용하며 어떤 식물이든 싹둑싹둑 잘라 먹었을 것이다. 겉모습은 코뿔소를 닮았지만, 코뿔소처럼 멀리까지 달리지는 못했다. 티라노사우루스의 공격을 받으면, 빨리 도망갈 수 없었기 때문에 거대한 뿔을 휘두르며 싸웠을 것이다.

트리케라톱스의 전신 골격 화석이다. 3개의 뿔과 뼈로 이루어진 프릴을 확실하게 알아볼 수 있다. 프릴은 적의 공격으로부터 부드러운 목을 지키는 데 도움이 되었다.

알아보기
- 학명의 뜻 : 3개의 뿔이 달린 얼굴
- 살았던 시대 : 백악기 후기
- 분류 : 각룡류
- 먹이 : 초식
- 몸 길이 : 9m 정도
- 화석 발견지 : 미국, 캐나다(1889년)

살아남은 이유

트리케라톱스는 티라노사우루스 같은 사나운 수각류와 함께 백악기 말까지 살아남았다. 달려드는 적에게 프릴을 방패처럼 사용하며 3개의 뿔을 휘둘러 찔렀을 것이다.

트리케라톱스의 뿔과 프릴

트리케라톱스의 두 눈 위에 난 뿔은 1m가 넘게 자랐다. 코 위에 난 뿔은 이것보다 작았다. 트리케라톱스의 프릴은 체온을 조절하거나 짝짓기 상대의 관심을 끄는 데 사용 되기도 했다.

트리케라톱스의 뿔은 뼈로 이루어졌고, 두개골에 붙어 있다.

트리케라톱스의 프릴은 다른 각룡류에 비해 짧았지만, 아주 단단한 뼈로 이루어졌고 피부로 덮여 있다.

켄트로사우루스
Kentrosaurus

켄트로사우루스의 화석은 탄자니아에서 발견되었다. 미국에서 발견된 스테고사우루스와 거의 같은 종류이지만, 조금 더 원시적이다. 목과 등줄기를 따라 여러 쌍의 작은 골판들이 줄지어 붙어 있고, 골반과 꼬리에는 대못처럼 단단한 가시가 나 있다. 켄트로사우루스의 완벽한 골격 화석이 독일의 박물관에 보관되어 있었지만, 제2차 세계 대전 중의 폭발로 대부분 사라졌다.

알아보기
- 학명의 뜻 : 가시 도마뱀
- 살았던 시대 : 쥐라기 후기
- 분류 : 검룡류
- 먹이 : 초식
- 몸 길이 : 4.9m 정도
- 화석 발견지 : 탄자니아(1915년)

케르베로사우루스
Kerberosaurus

케르베로사우루스는 목줄기에서 등줄기로 딱딱한 돌기가 솟아 있는 오리주둥이 공룡이다. 중생대 후기에 살았던 이 공룡은 프로사우롤로푸스와 친척뻘이고, 같은 시대에 북아메리카 대륙에 살았던 오리주둥이 공룡보다는 덜 진화했다. 중생대 후기에는 아시아와 아메리카 대륙이 붙어 있었기 때문에 공룡들은 다른 대륙까지 쉽게 이동했다. 그리고 서로 조금씩 다른 모습으로 진화해 갔다.

알아보기
- 학명의 뜻 : 케르베로스(그리스 신화에서 지옥 문을 지키는 개) 도마뱀
- 살았던 시대 : 백악기 후기
- 분류 : 조각류
- 먹이 : 초식
- 몸 길이 : 29m 정도
- 화석 발견지 : 러시아(2004년)

오우라노사우루스
Ouranosaurus

오우라노사우루스는 등줄기를 따라 뼈로 이루어진 돛 모양의 돌기를 갖고 있다. 이 돌기는 너무 약했기 때문에 방어용이라기보다는 동족들에게 과시하거나 체온을 조절하는 데 쓰였을 것이다. 몸이 젖은 상태에서 그늘에 서면, 이 돛을 통해 쉽게 열을 발산할 수 있기 때문이다. 몸 무게가 1.8t이나 되는 오우라노사우루스는 이 방법으로 체온을 낮추었을 것이다.

알아보기
- 학명의 뜻 : 용감한 도마뱀
- 살았던 시대 : 백악기 전기
- 분류 : 조각류
- 먹이 : 초식
- 몸 길이 : 7m 정도
- 화석 발견지 : 니제르(1976년)

오우라노사우루스는 입을 다물 때 위턱을 좌우로 움직일 수 있다. 그래서 볼 부분에 나란히 늘어선 이빨들이 음식물을 더 잘게 부술 수 있었다.

오우라노사우루스는 거의 완벽한 전신 골격 화석으로 발견되었다. 이 화석에는 꼬리를 지탱해 주는 뼈까지 잘 보존되어 있다.

다양한 해석

어떤 과학자들은 오우라노사우루스의 돛처럼 생긴 돌기가 체온을 조절하기 위한 것이 아니라고 주장한다. 왜냐 하면 돌기를 이루는 뼈가 아메리카 들소의 어깨 사이에 도드라진 뼈와 닮았기 때문이다. 그렇다면 오우라노사우루스는 공룡계의 낙타나 야생 들소였을지도 모른다.

공룡의 탄생

지구의 역사

🐞 대륙이 움직이는 과정

지구를 둘러싼 지각이 여러 조각으로 나뉜다고 상상해 보자. 우리가 대륙이라 부르는 이 조각들은 약 40억 년 전부터 서로 부딪치며 이동해 왔다. 그 결과, 육지의 모양이나 위치는 약 2억 5000만 년을 주기로 바뀌었다. 이런 '대륙 이동'을 통해 산맥이나 화산이 생기고, 큰 지진이 일어나기도 했다. 남극을 포함한 거의 모든 대륙에서 디키노돈트라는 작은 초식 동물의 화석이 발견되는 이유도 '대륙 이동' 때문이다. 육지에서 살았던 디키노돈트는 어떻게 바다를 건너 다른 대륙으로 건너간 것일까? 실제로 디키노돈트는 바다를 헤엄쳐 건너가지 않았다. 왜냐하면 이 동물이 살았던 페름기에는 지구의 모든 육지가 하나로 뭉쳐 판게아라는 커다란 대륙을 이루고 있었기 때문이다. 판게아는 여러 조각으로 나뉘어 오늘날과 같은 모습이 되었다.

2억 년 전 판게아가 북부 로라시아 대륙과 남부 곤드와나 대륙으로 나뉘기 시작했다. 지구가 따뜻해지면서 해수면이 높아지자, 대륙은 점점 좁아졌다.

9000만 년 전 북부는 북아메리카 대륙과 유라시아 대륙으로 나뉘고 남부는 남아메리카 대륙과 아프리카 대륙으로 나뉘었다.

오늘날 대서양은 점점 넓어지고 있으며, 언젠가는 태평양만큼 넓어질 것이다. 태평양의 하와이 제도에는 새로운 섬들이 생겨날 것이다.

6000만 년 후 지중해가 줄어들고 유럽의 알프스 산맥은 더 높아질 것이다. 북아메리카 대륙의 산맥은 더욱 낮아져 언덕이 될 것이다.

🐌 과학자들은 지구가 약 46억 년 전에 생겨났다고 추측한다. 그리고 38억 년 전에 최초의 생명인 단순한 형태의 박테리아가 나타났고, 5억 5000만 년 전부터 동물의 종류와 개체수가 폭발적으로 증가했다. 이런 현상을 '카므리아기의 폭발'이라고 부른다. 그 후 지구의 역사는 크게 세 시기로 나뉜다. 고생대(고대 생물의 시대), 중생대(공룡의 시대), 신생대(포유류의 시대)이다.

연표
주요 동물들이 언제 처음 나타났는지 보여 주고 있다. 공룡은 1억 6000만 년 동안 지구에서 살았고, 공룡의 먼 친척뻘인 조류는 6500만 년 전부터 오늘날까지 계속 진화하고 있다. 공룡은 지구 역사상 가장 다양하고 성공적으로 번성했던 육상 생물이다.

시생대	원생대	캄브리아기	오르도비스기	실루리아기	데본기	석탄기
46억 년~25억 년 전	25억 년~ 5억 4200만 년 전	5억 4200만 년 전~ 4억 8800만 년 전	4억 8800만 년 전~ 4억 4400만 년 전	4억 4400만 년 전~ 4억 1600만 년 전	4억 1600만 년 전~ 3억 5900만 년 전	3억 5900만 년 전~
선캄브리아 시대		고생대				

암석에 남은 기록

그랜드 캐니언의 지층

암석이 파도나 다른 암석에 부딪히면 작은 알갱이로 부서진다. 퇴적암은 이런 암석 알갱이들이 층을 이루며 단단하게 쌓인 것이다. 퇴적암을 조사해 보면 암석이 만들어질 때 기후가 어땠는지를 알 수 있다. 또 암석 속의 지층을 조사해 보면, 당시에 어떤 동식물이 살았는지도 알 수 있다.

미국 애리조나 주에 있는 그랜드 캐니언은 세계에서 가장 긴 협곡이다. 콜로라도 강물에 조금씩 깎여 지금의 모습이 되었다.

- 2억 6500만 년 전 _ 카이바브 석회암
- 2억 7000만 년 전 _ 토로윕 사암
- 2억 7500만 년 전 _ 코코니노 사암
- 2억 8000만 년 전 _ 허밋 이판암
- 3억 년 전 _ 수피아 그룹
- 3억 4000만 년 전 _ 레드월 석회암
- 3억 7500만 년 전 _ 템플뷰트 석회암
- 5억 4000만 년 전 _ 브라이트 엔젤 이판암
- 5억 6000만 년 전 _ 타피트 사암
- 20억 년 이상 _ 비슈누 편암

	페름기	트라이아스기	쥐라기	백악기	제3기	제4기
	2억 9900만 년 전~ 2억 5100만 년 전	2억 5100만 년 전~ 2억 년 전	2억 년 전~1억 4600만 년 전	1억 4600만 년 전~6550만 년 전	6550만 년 전~ 2300만 년 전	2300만 년 전~현재
			중생대		신생대	

공룡이 나타나기 전

육지에 최초로 나타난 동물들은 중력에 맞서 바닥에서 몸을 의도적으로 떨어뜨리며 걸어야 했다. 또 호흡을 하고, 땅 위에 낳은 알이 말라 버리지 않도록 몸의 구조를 바꾸어야 했다. 일단 물을 떠나서도 살 수 있게 된 파충류들은 2개의 큰 무리로 나뉘었다. 한 무리는 나중에 포유류로 진화한 단궁류이고, 나머지 무리는 파충류나 조류로 진화한 석형목이다. 트라이아스기 초기에는 단궁류가 번성했지만, 트라이아스기 후기부터는 건조한 기후에 더 잘 적응한 석형목이 1억 4400만 년 동안 지상을 지배했다.

희귀한 해파리 화석 오스트레일리아 남부 사암에서 발견되었다.

암모니아트는 바다에 사는 동물로, 6550만 년 전에 멸종되었다.

세이모우리아 화석은 양서류와 파충류의 특징을 보이고 있다.

삼엽충은 고생대 초기에 가장 번성했던 해양 생물이다.

🐞 석탄기의 유산

석탄기의 광대한 삼림은 땅 속 깊이 묻혀 많은 양의 석탄이 되었다. 석탄은 오늘날 화석 연료로 쓰이고 있다. 미국의 애팔래치아 산맥 일대는 주요 석탄 산지이다.

고생대의 세계

고생대(5억 4200만 년 전~2억 5100만 년 전)는 '공룡 시대'라 불리는 중생대 이전 시기를 가르킨다. 고생대 초기에 여러 가지 해양 생물이 나타났고, 그중에는 육지로 올라오는 것도 있었다. 처음에는 식물이 먼저 살기 시작하고, 그 뒤를 이어 절지동물이나 양서류가 올라왔다. 고생대 말에 모두 멸종되었지만, 몇몇 파충류는 살아남아 공룡이나 포유류의 조상이 되어 새로운 시대를 열었다.

트라이아스기

2억 5100만 년 전부터 시작된 트라이아스기는 중생대의 첫 시대이다. 건조한 기후라 식물이 잘 자라지 못했지만, 침엽수, 소철, 양치류가 빽빽하게 자라는 숲이 흩어져 있었다. 꽃이 피는 식물은 아직 나타나지 않았다. 트라이아스기는 오늘날과 다른 점이 많았다. 우선, 지구상에는 판게아라는 커다란 대륙이 있었고, 그 주위를 바다가 둘러쌌다. '주룡류(主龍類)'라 불리는 파충류 무리가 번성하며 동물 세계를 지배했는데, 주룡류에는 악어, 익룡, 그리고 공룡이 포함된다. 포유류가 나타난 것도 트라이아스기 후기이다.

플라테오사우루스

같은 곳에 살았던 공룡들

그림 속에서 소철을 우적우적 씹어 먹고 있는 초식 공룡 플라테오사우루스는 트라이아스기 후기에 나타났으며, 몸 길이가 8.5m나 되었다.

트라이아스기 트라이아스기에는 두 발로 걷는 육식 공룡인 수각류가 나타났고, 계속해서 몸집이 자라고 네 발로 걷는 초식 공룡인 원시 용각류와 용각류가 나타났다.	마리수쿠스	알알케리아	에우스켈로사우루스	멜라노로사우루스	노도사우루스	코엘로피시스
시대	2억 3000년 전	2억 2300만 년 ~ 2억 2100만 년	2억 2700만 년 ~ 2억 1000만 년	2억 2700만 년 ~ 2억 1000만 년	2억 2700만 년 ~ 2억 1000만 년	2억 2500만 년 전

🐞 트라이아스기의 생물

공룡이나 그 외의 다른 주룡류들은 트라이아스기 후기에 이를 때까지 크게 번성하지 못했다. 이 시기에 살았던 다른 파충류로는 거북, 도마뱀, 플라코돈트, 노도사우루스, 어룡, 피토사우루스, 아에토시우루스 등이 있다.

미국 애리조나 주의 페트러파이드포레스트 국립 공원에 있는 오색 사막. 이곳에서 트라이아스기의 화석이 발견되고 있다.

침엽수
소철
쇠뜨기

트라이아스 전기에는 칸네메이에리아와 같은 동물이 번성했다. 이 동물은 몸집이 황소만한 초식 동물이다.

코엘로피시스

고지라사우루스	레부엘토사우루스	플라테오사우루스	릴리엔스터누스	에오쿠르소르	장샤노사우루스
2억 2100만 년 전 ~ 2억 2100만 년 전	2억 2300만 년 전 ~ 2억 1000만 년 전	2억 년 전 ~	2억 1500만 년 전 ~ 2억 년 전	2억 800만 년 전 ~ 1억 9600만 년 전	2억 500만 년 전 ~ 1억 9400만 년 전

쥐라기

쥐라기에는 판게아가 남반구의 곤드와나 대륙과 북반구의 로라시아 대륙으로 나뉘기 시작했다. 기후는 따뜻하고 습도가 높았다. 풀이나 꽃은 없었지만, 침엽수, 소철, 양치류가 빽빽한 숲을 이루었다. 공룡이 번성하기 시작했고, 용각류와 수각류 공룡이 많았다. 용각류는 몸집이 거대한 초식 공룡으로 이 공룡들이 지금 살아 있다면, 5층 건물 안을 들여다볼 정도로 키가 컸을 것이다. 수각류는 당시 지구에서 가장 빠른 공룡이었고, 다른 공룡을 포함한 파충류를 잡아먹는 육식 동물이었다.

쥐라기의 생물

쥐라기는 트라이아스기만큼 건조하지 않았다. 따뜻하고 습도가 높아 나무가 빽빽하게 자라는 넓은 숲이 많이 생겨났다.

영국 도싯 지방 해안가이다. 바다에 침식된 해안 절벽으로, 표면에 쥐라기의 암석이 보인다.

침엽수
소철
양치류

쥐라기에는 공룡의 먹이가 풍부했다. 육식 공룡들은 거북, 악어, 도마뱀, 곤충을 잡아먹었다.

알로사우루스

쥐라기
쥐라기의 환경은 공룡이 살기에 알맞았기 때문에 후기에는 여러 가지 새로운 종류의 공룡이 나타났다. 쥐라기 공룡들은 거의 모든 대륙에 흩어져 살았다.

	메가조스트로돈	투구게의 한 종류	스켈리도사우루스	딜로포사우루스	브라키트라켈로판	슈노사우루스	구안롱
시대	2억 년 전	2억 년~ 1억 4400만 년 전	2억 200만 년~ 1억 9500만 년 전	2억 200만 년~ 1억 9000만 년 전	2억 년 전	1억 6900만 년 전~ 1억 5900만 년 전	1억 6000년 전

생존을 위한 싸움

미국 와이오밍 주에서 발견된 화석에 따르면, 디플로도쿠스는 채찍과 같은 꼬리로 알로사우루스를 철썩 때려 눕힌 것으로 보인다. 만약 알로사우루스가 좀 더 가까이에 있다면, 나무 기둥 같은 디플로도쿠스의 발에 납작하게 밟혔을 것이다. 몸집이 큰 디플로도쿠스의 공격은 알로사우루스에게는 매우 치명적이다.

디플로도쿠스

새끼 디플로도쿠스

리오플레우로돈	투오지망고사우루스	시조새	신랍토르	브라키오사우루스	마멘키사우루스	디플로도쿠스	스테고사우루스
1억 6000만 년 전~ 1억 5500만 년 전	1억 5600만 년 전	1억 5600만 년 전~ 1억 5000만 년 전	1억 5400만 년 전~ 1억 5000만 년 전	1억 5300만 년 전~ 1억 1300만 년 전	1억 5100만 년 전~ 1억 4400만 년 전	1억 5000년 전	1억 5000년 전

백악기

백악기는 중생대에서 가장 긴 시기로, 8000만 년이나 지속되었다. 초기 식물은 대부분 침엽수와 소철이었지만, 후기로 갈수록 꽃이 피는 식물이 많아졌다. 꽃은 초식 동물들의 좋은 먹이가 되었다. 대륙들이 점점 서로 멀어지면서, 각 대륙의 공룡들은 다른 환경에서 다른 모습으로 진화했다. 북반구에는 티라노사우루스, 남반구에는 아벨리사우루스가 가장 힘센 육식 공룡이었다. 하지만 백악기 후기에 조류를 제외한 모든 공룡이 멸종되었다.

백악기							
백악기의 기후나 환경 변화에 맞추어 육지에서는 새로운 동물들이 번성했다. 뿐만 아니라 바다와 하늘에도 새로운 동물이 나타났다.	이구아노돈	에르케투	스피노사우루스	크레톡시리나	프로토케라톱스	사회성 있는 벌	파라사우롤로푸스
시대	1억 4600만 년 전~ 1억 1100만 년 전	1억 년 전	1억 년 전~ 9700만 년 전	8700만 년 전	8700만 년 전~ 7800만 년 전	8400만 년 전~ 7400만 년 전	8300만 년 전~ 6500만 년 전

백악기의 생물

백악기의 가장 큰 변화는 꽃이 피는 식물이 나타났다는 점이다. 백악기 후기에 이르자, 수련, 목련, 유럽산 단풍나무 등 다양한 식물이 곳곳에서 자라기 시작했다. 그러자 공룡의 종류도 훨씬 다양해졌다.

벌과 같은 곤충은 꽃에서 먹이를 얻었고, 식물은 벌의 도움으로 수술의 꽃가루를 암술머리에 옮길 수 있었다.

영국 이스트엑섹스에 있는 세븐시스터즈 절벽은 백악기에 만들어진 백악(석회질) 지층으로, 전형적인 흰색을 띠고 있다.

백악기의 공룡들

카르노타우루스가 먹이를 먹으면서 아벨리사우루스가 다가오는 것을 지켜 보고 있다. 멀리서 오리주둥이 공룡인 파라사우롤로푸스 무리가 지나가고 있다. 그 위로는 익룡이 날고 있고, 앞쪽에는 뿔 공룡인 스티라코사우루스와 갑옷 공룡인 노도사우루스가 있다.

델타테리디움	마이아사우라	벨로키랍토르	스트루티오미무스	유오플로케팔루스	티라노사우루스	파카케팔로사우루스	트리케라톱스
8000만 년 전~7500만 년 전	8000만 년 전	8000만 년 전~7000만 년 전	7300만 년 전	7300만 년 전	6800만 년 전~6500만 년 전	6800만 년 전~6500만 년 전	6700만 년 전~6500만 년 전

초기 파충류

파충류는 공룡이 지구에 나타나기 1억 년 전부터 있었다. 파충류가 진화 과정에서 양막성 알을 낳게 되었는데, 양막성 알은 알 스스로 양분을 공급하는 것은 물론이고, 생명체를 보호하는 액체가 있어, 어미가 건조한 땅 위에 낳아도 살아 남을 수 있다. 그 결과 파충류는 물가 뿐만 아니라, 땅 위에도 널리 퍼져 살게 되었다. 파충류와 비슷한 시기에 나타난 또 하나의 육상 생물은 단궁류이다. 단궁류는 오늘날 포유류의 조상으로 추측되며, 살아가는 데 비교적 많은 물을 필요로 했다. 그에 비해 파충류는 건조한 환경에서도 살 수 있었기 때문에, 2억 년 이상 살아 남을 수 있었다.

페름기의 하늘을 나는 파충류

석탄기에 살았던 파충류의 조상

중생대의 거북

단궁류

단궁류는 한때 '포유류형 파충류'라고 불렸지만, 실제로는 파충류의 경쟁자로 독자적으로 진화한 무리이다. 트라이아스기에는 파충류가 지배자였지만, 이전 페름기에는 단궁류가 가장 강한 육식 동물이었다.

시노그나투스는 포유류처럼 이빨이 앞니, 송곳니, 앞어금니, 뒤어금니로 이루어져 있다.

서로 다른 알들

파충류의 알은 먹을 것이 가득 든 튼튼한 가방에 비유할 수 있다. 하지만 양서류의 알은 건조함을 막아 주는 양막이 없어 반드시 물 속에 낳아야 한다.

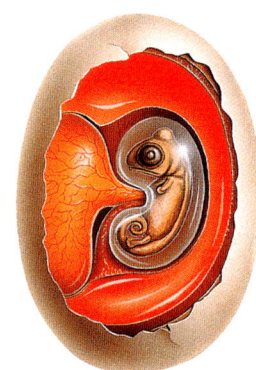

파충류의 알

양서류의 알

🐞 한눈에 보는 파충류

위의 그림에 나타난 모든 파충류가 같은 시대, 같은 장소에서 살았던 것은 아니다. 오늘날과 마찬가지로 대부분의 동물들은 특정한 기후와 장소에서만 살아갈 수 있다. 예를 들어, 같은 중생대의 동물이라고 해도 쥐라기의 스테고사우루스는 백악기의 프테라노돈과 결코 마주칠 수 없었다.

하늘과 바다의 파충류

중생대의 파충류는 40여 개의 무리로 나뉘는데, 공룡은 그중 두 무리만 차지한다. 공룡 이외의 파충류들은 주로 바다, 호수, 하늘에서 살았다. 익룡도 크게 두 무리로 나눌 수 있는데, 트라이아스기와 쥐라기에 번성했던 람포린쿠스류와 백악기에 번성했던 프테로닥틸루스류가 있다. 돌고래와 닮은 이크티오사우루스는 중생대에 가장 번성했던 어룡이다.

하늘을 나는 파충류

람포린쿠스류는 공기의 흐름이 아니라 날개를 파닥이는 힘으로 자유 비행을 하기 시작한 초기의 척추동물이다. 날개를 펼쳤을 때의 폭은 4m 이내이고, 통째로 삼키기에 편한 작은 동물과 곤충을 먹고 살았다.

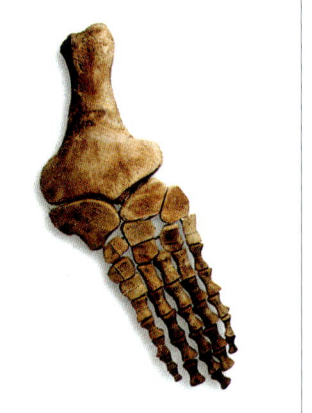

플레시오사우루스의 지느러미 화석. 플레시오사우루스는 지느러미를 노처럼 사용하며 물 속을 헤엄쳐 다녔다.

프테로닥틸루스류의 화석. 익룡은 박쥐와 달리 네 번째 손가락뼈로 날개를 지지했다는 것을 알 수 있다.

🐞 해양 파충류

해양 파충류는 중생대의 바다에서 가장 강력한 포식자였다. 지금은 상어와 해양 포유류가 그 자리를 차지하고 있다. 어룡처럼 꼬리로 추진력을 얻는 것이 있는가 하면, 플리오사우루스류처럼 지느러미의 힘으로 나아가는 것도 있다.

바다거북
모사사우루스
이크티오사우루스
데이노수쿠스

수장룡인 파키플레우로사우루스는 크기가 20cm부터 1m에 이르렀다.

유타랍토르
Utahraptor

유타랍토르는 새를 닮은 거대한 수각류인 드로마이오사우루스류에 속한다. 길이가 23cm에 이르는 낫처럼 생긴 갈고리발톱이 주요 공격 무기이다. 몸 무게는 700kg나 되었고, 자신보다 몸집이 작은 것은 무엇이든 따라잡을 수 있을 정도로 빨랐다. 드로마이오사우루스류에 속하는 다른 공룡과는 달리 몸과 앞발에 깃털이 있었을 것이다.

강력한 포식자
유타랍토르의 강력한 발톱은 먹이를 찌르고 베는 데 이용되었다.

알아보기
- 학명의 뜻 : 유타의 도둑
- 살았던 시대 : 백악기 전기
- 분류 : 수각류
- 먹이 : 육식
- 몸 길이 : 6~7m 정도
- 화석 발견지 : 미국(1993년)

안타르크토펠타
Antarctopelta

방패와 같은 판과 두꺼운 가시가 온 몸을 덮고 있는 안타르크토펠타는 곡룡류에 속한다. 꼬리에 망치와 같은 뼈 덩어리가 붙어 있었는지는 확실하지가 않다. 초기의 안킬로사우루스와 닮았지만, 훨씬 나중에 나타났다. 그 이유는 안타르크토펠타가 살던 곳이 안킬로사우루스가 독자적으로 진화했던 북아메리카 대륙과 멀리 떨어져 있기 때문으로 보인다.

알아보기
- 학명의 뜻 : 남극의 방패
- 살았던 시대 : 백악기 후기
- 분류 : 곡룡류
- 먹이 : 초식
- 몸 길이 : 4m 정도
- 화석 발견지 : 남극 대륙(2006년)

아파토사우루스
Apatosaurus

한때 브론토사우루스라고 알려졌던 이 공룡은 몸집이 육중하고 거대하다. 이빨 끝이 갈퀴처럼 생겼기 때문에 나무줄기나 잎을 벗기기는 편리했지만 씹지는 못했다. 앞발에는 갈고리 발톱이 하나밖에 없었지만, 적의 살을 반으로 찢을 만큼 강했다. 다 자란 아파토사우루스는 어떤 적도 함부로 덤비지 못할 만큼 크고 힘이 셌다.

알아보기
- 학명의 뜻 : 믿을 수 없는 도마뱀
- 살았던 시대 : 쥐라기 후기
- 분류 : 용각류
- 먹이 : 초식
- 몸 길이 : 25m 정도
- 화석 발견지 : 미국(1877년)

벨로키랍토르
Velociraptor

벨로키랍토르는 몸이 가볍고 민첩한 포식자로, 양발에는 낫처럼 생긴 치명적인 갈고리 발톱이 있다. 머리가 비교적 큰 것으로 보아 영리한 공룡 중 하나였을 것이다. 가장 널리 알려진 공룡 중의 하나이기도 한 벨로키랍토르는 1971년 고비 사막에서 프로토케라톱스를 발톱으로 꽉 잡고 있는 모습으로 발견되었다. 두 공룡의 싸우는 화석은 7300만 년 전의 모습을 그대로 보여 주고 있다. 한반도에서도 발견되었다.

알아보기
- 학명의 뜻 : 재빠른 도둑
- 살았던 시대 : 백악기 후기
- 분류 : 수각류
- 먹이 : 육식
- 몸 길이 : 1m 정도
- 화석 발견지 : 한국, 몽골(1924년)

벨로키랍토르는 몸에 비해 머리가 컸다. 이 공룡은 트로오돈과 더불어 영리한 공룡이었을 것으로 추측한다.

날개의 흔적
벨로키랍토르는 두 발로 걷는 깃털 달린 공룡이다. 오늘날 새의 날개 깃털과 연결되는 돌기가 벨로키랍토르의 앞발 뼈에서 발견된 것으로 보아, 앞발 부분에 날개가 있었다는 것을 알 수 있다.

우에르호사우루스
Wuerhosaurus

우에르호사우루스는 검룡류 중에서 가장 늦게 나타난 공룡이다. 대부분의 검룡류는 쥐라기에 살았는데, 이 공룡의 화석은 백악기 전기 지층에서 발견되었다. 우에르호사우루스는 아메리카 대륙에 살았던 사촌뻘인 스테고사우루스와 겉모습이 비슷하다. 꼬리에는 4개의 두꺼운 가시가 있고, 등줄기를 따라 골판이 붙어 있다. 스테고사우루스의 골판이 뾰족하게 위로 솟은 삼각형이었던 것에 비해 우에르호사우루스의 골판은 높이가 낮고 앞뒤로 긴 직사각형이다. 머리는 스테고사우루스처럼 땅에 가깝게 들고 다녔다.

주요정보
- 학명의 뜻 : 우에르호(중국)에서 난 도마뱀
- 살았던 시대 : 백악기 전기
- 분류 : 검룡류
- 먹이 : 초식
- 몸 길이 : 6m 정도
- 화석 발견지 : 중국(1973년)

인롱
Yinlong

각룡류의 화석 대부분이 백악기 지층에서 발견된 데 비해, 인롱의 화석은 쥐라기 지층에서 발견되었다. 인롱의 두개골은 뒷부분이 후두류처럼 두껍다. 입은 대부분의 각룡류의 부리처럼 윗부분에 좁은 주둥이뼈가 발달했고, 2개의 송곳니가 있다. 이런 특징들은 쥐라기의 공룡에서는 보기 드문 모습이다.

알아보기
- 학명의 뜻 : 숨겨진 용
- 살았던 시대 : 쥐라기 후기
- 분류 : 수각류
- 먹이 : 육식
- 몸 길이 : 1m 정도
- 화석 발견지 : 중국(2006년)

아르젠티노사우루스
Argentinosaurus

아르젠티노사우루스는 지구 역사상 가장 큰 육상 동물이었을 것으로 추측되고 있다. 이 공룡의 뼈 화석은 부분적으로 발견되었는데, 그 중에는 1.2m에 이르는 것도 있다. 다 자란 아르젠티노사우루스는 몸무게가 70t이 넘고, 키는 22m 정도였을 것으로 추측한다. 살아 있다면, 5층 건물의 유리창 안도 쉽게 들여다볼 수 있었을 것이다. 아르젠티노사우루스의 화석이 발견된 남아메리카 대륙의 파타고니아에서는 기가노토사우루스를 비롯한 다른 거대 공룡들의 화석도 잇달아 발견되고 있다.

알아보기
- 학명의 뜻 : 아르헨티나에서 난 도마뱀
- 살았던 시대 : 백악기 후기
- 분류 : 용각류
- 먹이 : 초식
- 몸 길이 : 45m 정도
- 화석 발견지 : 아르헨티나(1993년)

토막상식
몇몇 공룡들은 아르젠티노사우루스보다 몸집이 더 컸을 것으로 추측된다. 예를 들어, 엠피코엘리아스는 몸 길이가 60m에 이르러, 지금까지 화석으로 발견된 공룡 가운데 가장 큰 몸집을 자랑한다. 하지만 그 증거가 될 만한 화석은 현재 사라진 상태이다.

베이피아오사우루스
Beipaosaurus

베이피아오사우루스는 테리지노사우루스류 중에서도 가장 특이한 공룡이다. 테리지노사우루스는 목이 길고 머리는 작은 새처럼 생긴 공룡이다. 베이피아오사우루스의 키와 몸무게는 축구 선수 정도였다. 몸이 깃털로 덮여 있었지만, 날 수는 없었다. 골격의 일부가 오늘날 하늘을 나는 새들처럼 서로 엉겨 붙어 있는데, 왜 이러한 형태를 하고 있는지는 밝혀지지 않았다.

알아보기
- 학명의 뜻 : 베이피아오(중국)에서 난 도마뱀
- 살았던 시대 : 백악기 후기
- 분류 : 수각류
- 먹이 : 육식
- 몸 길이 : 2.2m 정도
- 화석 발견지 : 중국(1999년)

보니타사우라
Bonitasaura

알아보기
- 학명의 뜻 : 라 보니타 채석장의 공룡
- 살았던 시대 : 백악기 후기
- 분류 : 용각류
- 먹이 : 초식
- 몸 길이 : 9m 정도
- 화석 발견지 : 아르헨티나(2004년)

보니타사우라는 거대한 초식 공룡으로, 입 모양은 앞쪽이 삽처럼 넓고 직선으로 잘린 듯하다. 갈퀴처럼 생긴 작은 이빨들이 무수히 나있고, 이빨 바깥쪽은 새의 부리와 같은 구조여서 거친 식물을 잘 뜯어 먹을 수 있었다. 목에는 근육이 발달해서 키가 큰 나무 끝에 달린 잎과 줄기까지 입이 닿도록 늘일 수 있었다.

카르노타우루스
Carnotaurus

카르노타우루스는 남아메리카 대륙에 번성했던 수각류인 아벨리사우루스류의 한 종류이다. 몸집이 작고 가벼운 이 육식 공룡은 다른 공룡들과 구분되는 뚜렷한 두 가지 특징이 있다. 눈 위에 난 뿔과 특이하게 생긴 짧은 앞발이다. 이 공룡은 두개골이 좁은 것으로 보아, 수풀에 숨어 있다가 작은 육식 공룡이나 몸집이 큰 초식 공룡에게 달려들었을 것이다. 하지만 두개골이 약한 편이라 죽은 공룡의 사체를 먹었을지도 모른다.

알아보기
- 학명의 뜻 : 육식 황소
- 살았던 시대 : 백악기 전기
- 분류 : 수각류
- 먹이 : 육식
- 몸 길이 : 8m 정도
- 화석 발견지 : 아르헨티나(1985년)

카우딥테릭스
Caudipteryx

카우딥테릭스의 화석은 큰 화제를 불러일으켰다. 온 몸이 거의 깃털로 덮여 있었기 때문이다. 이 공룡의 깃털은 공룡과 새가 같은 무리로 분류될 수 있음을 보여 주는 증거이다. 카우딥테릭스는 날개가 제대로 발달하지 않아 높은 곳에서 미끄러지듯 내려오는 활강은 할 수 있어도 날지는 못했다. 소화를 도와 주는 위석이 남아 있는 것으로 보아 카우딥테릭스는 식물과 고기를 모두 먹는 잡식성이었을 것이다.

알아보기
- 학명의 뜻 : 꼬리 깃털
- 살았던 시대 : 백악기 전기
- 분류 : 수각류
- 먹이 : 잡식성
- 몸 길이 : 1m 정도
- 화석 발견지 : 중국(1998년)

스피노사우루스
Spinosaurus

스피노사우루스는 몸무게가 10.8t이나 되었다. 두개골은 악어처럼 생겼고, 등줄기를 따라 돛이 솟아 있다. 돛은 체온을 조절하거나, 짝짓기 상대의 관심을 끌거나, 자신의 영역을 표시하는 데 이용되었을 것이다. 스피노사우루스의 돛은 높이가 1.8m가 넘었고, 기다란 앞발 끝에는 긴 갈고리발톱이 달려 있다. 이 발톱은 물고기를 잡는 데 유용하게 쓰였을 것이다.

스피노사우루스라는 이름은 등뼈를 따라 돛처럼 크게 솟아오른 돌기에서 유래한 것이다.

알아보기
- 학명의 뜻 : 가시 달린도마뱀
- 살았던 시대 : 백악기 전기
- 분류 : 수각류
- 먹이 : 육식
- 몸 길이 : 10m 정도
- 화석 발견지 : 이집트(1915년)

체온 내리기

스피노사우루스는 지구상에 살았던 가장 큰 육식 공룡 중 하나이다. 이 공룡은 돛을 이용해 커다란 몸집의 열을 식혔을 것이다. 스피노사우루스가 그늘로 피해 돛에 있는 혈관으로 뜨거워진 피를 보내면, 돛의 표면을 통해 열이 방출된다. 그런 뒤 식은 피가 신체의 다른 부분으로 흘러 체온을 내릴 수 있었다.

코리토사우루스
Corythosaurus

볏이 달린 오리주둥이 공룡인 코리토사우루스는 대부분의 공룡 책에 나온다. '헬멧'과 비슷한 이 공룡의 볏 안에는 빈 구멍이 2개 있다. 이 구멍은 코와 연결되어 콧속의 습도를 조절해 예민한 후각을 유지하도록 도와 주었다. 이 구멍을 울려 소리를 내 동료들과 의사 소통을 하기도 했을 것이다. 볏은 주로 윗입술뼈가 두개골 위로 자라 생긴 것이다.

두개골 위쪽에 볏이 솟아 있다. 이 두개골의 주인은 다 자란 수컷이었을 것이다. 볏은 적을 위협하거나 암컷의 관심을 끄는 데 이용되었다.

알아보기
- 학명의 뜻 : (코란트의) 헬멧 도마뱀
- 살았던 시대 : 백악기 후기
- 분류 : 조각류
- 먹이 : 초식
- 몸 길이 : 10m 정도
- 화석 발견지 : 미국, 캐나다(1914년)

크리올로포사우루스
Cryolophosaurus

알아보기
- 학명의 뜻 : 라 보니타 채석장의 공룡
- 살았던 시대 : 백악기 후기
- 분류 : 용각류
- 먹이 : 초식
- 몸 길이 : 9m 정도
- 화석 발견지 : 아르헨티나(2004년)

크리올로포사우루스의 별명은 '엘비스'이다. 두개골 위쪽에 촘촘한 빗을 꽂은 것처럼 생긴 볏이 유명한 가수 엘비스 프레슬리의 머리 모양과 닮았기 때문이다. 뒤로 빗어 넘긴 엘비스의 앞머리를 닮은 이 볏은 무기로 이용되기에는 너무 약했다. 아마 화려한 색깔을 띠어 짝짓기 상대를 유혹하는 데 쓰였을 것이다. 크리올로포사우루스는 남극점에서 640km 떨어진 곳의 해발 4000m 고지대에서 발견되었다. 고생물 학자와 지질 학자들은 크리올로포사우루스의 화석을 발굴하기 위해 아주 위험한 상황에서 목숨을 걸고 일했다.

아마르가사우루스
Amargasaurus

이 공룡은 몸길이가 10m로 목이 긴 용각류치고는 작은 편이다. 목줄기와 등줄기를 따라 큰 가시가 두 줄로 나 있었다. '돛'처럼 솟아 있는 이 가시들이 어떻게 쓰였는지에 대해서는 여러 가지 추측이 있다. 주로 적을 방어 하는데 쓰였을 것이다.

알아보기
- 학명의 뜻 : 아마르가(아르헨티나)에서 난 도마뱀
- 살았던 시대 : 백악기 전기
- 분류 : 용각류
- 먹이 : 초식
- 몸 길이 : 10m 정도
- 화석 발견지 : 아르헨티나(1991년)

에쿠이주부스
Equijubus

에쿠이주부스는 1억 1000만 년 전에 아시아에 살았던 초식 공룡이다. 두개골의 모양은 오리주둥이 공룡과 이구아노돈을 절반씩 닮은 모습이다. 머리에 볏은 없지만, 이빨은 한 줄 이상이다. 원래 대부분의 오리주둥이 공룡이나 뿔이 있는 공룡들은 이빨이 두세 줄 나 있다. 에쿠이주부스야말로 오리주둥이 공룡이 아시아에서 최초로 진화했다는 증거라고 주장하는 학자도 있다.

알아보기
- 학명의 뜻 : 말 갈기
- 살았던 시대 : 백악기 후기
- 분류 : 조각류
- 먹이 : 초식
- 몸 길이 : 8m 정도
- 화석 발견지 : 중국(2003년)

기간토랍토르
Gigantoraptor

기간토랍토르는 거대한 새를 닮았다. 중국의 고생물 학자가 발견한 이 화석은 키 5m, 몸무게 1.5t 정도로, 어린 기간토랍토르의 것으로 보인다. 부리에는 이빨이 없고, 갈고리 모양의 발톱이 있다. 화석에서 발견되지는 않았지만, 오비랍토르류에 속하는 다른 공룡들처럼 깃털이 있었을 것이다. 몸 크기는 티라노사우루스와 비슷했지만, 몸무게가 가벼워 훨씬 재빠르고 날쌨다.

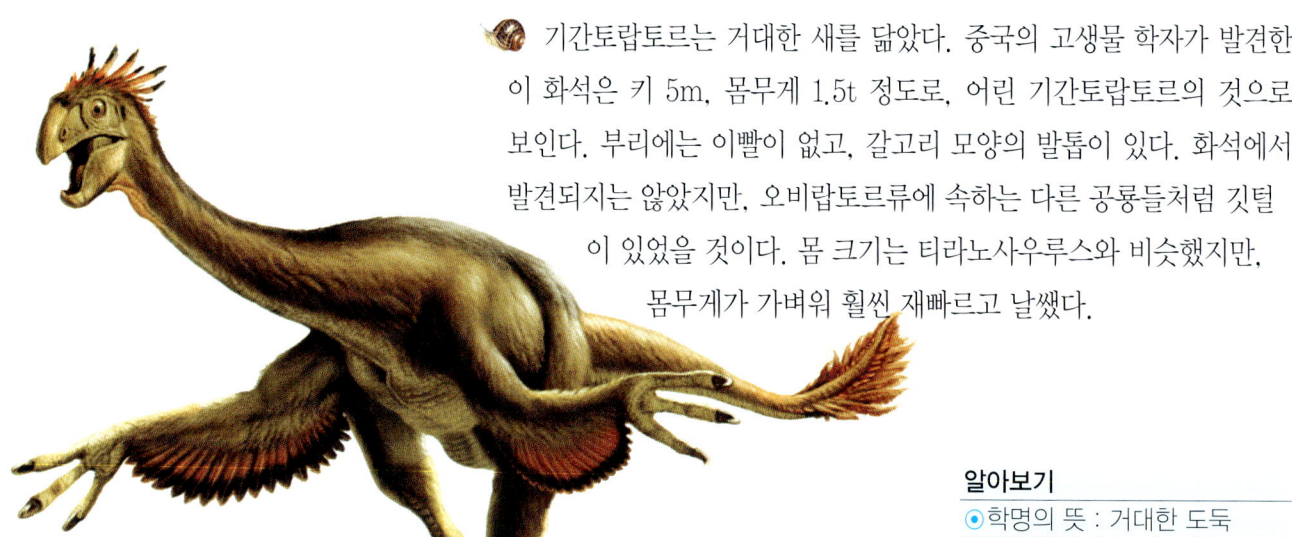

알아보기
- 학명의 뜻 : 거대한 도둑
- 살았던 시대 : 백악기 후기
- 분류 : 수각류
- 먹이 : 육식
- 몸 길이 : 8m 정도
- 화석 발견지 : 몽골(2007년)

고지라사우루스
Gojirasaurus

고지라사우루스는 '공룡의 왕'임을 나타내기 위해 '고질라'란 괴물의 이름을 땄다. 고지라사우루스는 북아메리카 대륙에서 가장 큰 포식자로 몸무게 200kg 정도였을 것으로 보인다. 고지라사우루스는 역사상 최초로 나타난 수각류의 주요 무리였다. 당시의 수각류는 모두 이후 등장한 수각류보다 몸집이 작았다.

알아보기
- 학명의 뜻 : 고지라 도마뱀
- 살았던 시대 : 트라이아스기 후기
- 분류 : 수각류
- 먹이 : 육식
- 몸 길이 : 5.5m 정도
- 화석 발견지 : 뉴멕시코, 미국(2007년)

후쿠이랍토르
Fukuiraptor

후쿠이랍토르는 백악기에 살았던 공룡이지만, 쥐라기에 살았던 몇몇 공룡 무리와 비슷한 점이 많다. 몸무게는 175kg 정도로 민첩한 공룡이었다. 이 공룡에 대해 알려진 정보는 일부 골격 화석을 바탕으로 한 것인데, 다 자라지 않은 후쿠이랍토르라는 주장이 있다. 그렇다면 실제 후쿠이랍토르는 우리가 알고 있는 것보다 더 컸을 수도 있다. 후쿠이랍토르는 앞발이 큰 편이라 몸에서 앞발의 비율이 알로사우루스보다 컸다.

알아보기
- 학명의 뜻 : 후쿠이(일본) 도둑
- 살았던 시대 : 백악기 후기
- 분류 : 수각류
- 먹이 : 육식
- 몸 길이 : 4.2m 정도
- 화석 발견지 : 일본(2000년)

후쿠이사우루스
Fukuisaurus

알아보기
- 학명의 뜻 : 후쿠이(일본)의 도마뱀
- 살았던 시대 : 백악기 초기
- 분류 : 조각류
- 먹이 : 초식
- 몸 길이 : 5m 정도
- 화석 발견지 : 일본(2003년)

후쿠이사우루스는 희귀한 공룡이다. 이 공룡에 대한 정보는 아직 성년이 되지 못한 공룡의 두개골 화석들을 통해 알아낸 것이다. 그래서인지 얼굴의 앞뒤 길이가 짧고 아래턱과 위턱에 난 이빨의 개수도 적다. 이 공룡의 가장 두드러지는 특징은 식물을 씹을 때 위턱과 아래턱이 독립적으로 움직이지 않는다는 것이다. 이것은 비슷한 다른 종류의 공룡에게서는 볼 수 없는 특징이다.

드라코렉스
Dracorex

드라코렉스의 원래 이름은 드라코렉스 호그와시아로, 소설 해리포터에 나오는 '호그와트 마법 학교'의 '용왕'이란 뜻이다. 드라코렉스에 대한 정보는 유일하게 발견된 한 화석을 기초로 한 것이다. 2007년에는 몇몇 과학자들이 드라코렉스의 화석이 파키케팔로사우루스의 새끼이거나, 거의 다 자란 스티키몰로크일 거라고 주장하기도 했다. 사람으로 비유하면 드라코렉스는 10대 초반, 스티키몰로크는 10대 후반, 파키케팔로사우루스는 어른인 셈이다.

알아보기
- 학명의 뜻 : 용의 왕
- 살았던 시대 : 백악기 후기
- 분류 : 후두류
- 먹이 : 초식
- 몸 길이 : 3m 정도
- 화석 발견지 : 미국(2006년)

드로마이오사우루스
Dromaeosaurus

드로마이오사우루스는 몸집은 작았지만, 친척뻘인 벨로키랍토르류에 비하면 컸다. 이빨은 고기를 찢기에 적당했지만, 씹지는 못했다. 앞다리의 깃털도 장식 역할을 할 뿐 날지 못했다. 종종 '백악기의 늑대'라고도 불리는데, 사실상 늑대와 닮은 점이 거의 없는 전형적인 파충류이다.

알아보기
- 학명의 뜻 : 달리는 도마뱀
- 살았던 시대 : 백악기 후기
- 분류 : 수각류
- 먹이 : 육식
- 몸 길이 : 1.8m 정도
- 화석 발견지 : 미국, 캐나다(2007년)

파키케팔로사우루스
Pachycephalosaurus

파키케팔로사우루스는 머리 윗부분이 봉긋하고 단단하게 솟아오른 후두류이다. 파키케팔로사우루스 중에는 머리 윗부분이 18cm나 솟아오른 것도 있다. 한때 수컷끼리 머리 윗부분으로 들이받으며 싸웠을 것이라는 추측도 있지만, 만약 그렇다면 모두 목이 부러질 정도로 다쳤을 것이다. 오늘날 대부분의 과학자들은 파키케팔로사우루스가 머리 윗부분으로 수각류의 목이나 다리를 치받았을 것으로 추측한다. 이 공룡의 머리는 티라노사우루스의 무릎 정도 높이였을 것이다.

알아보기
- 학명의 뜻 : 두꺼운 머리 도마뱀
- 살았던 시대 : 백악기 후기
- 분류 : 후두류
- 먹이 : 초식
- 몸 길이 : 8m 정도
- 화석 발견지 : 미국(1943년)

파라사우롤로푸스
Parasaurolophus

파라사우롤로푸스는 트롬본처럼 긴 볏이 있다. 주둥이 위에서 머리 위쪽으로 자리 잡은 볏의 내부는 복잡한 모양으로 비어 있다. 콧구멍 속으로 들어간 공기는 이 공간을 지나 목구멍까지 간다. 볏은 주로 숨을 쉴 때 내는 소리를 증폭시켰던 것으로 보인다. 볏의 모형을 만들어 실험해 본 결과, 그 소리가 몇 km나 떨어진 곳까지 전해졌다고 한다. "물을 찾았다."라는가, "티라노사우루스를 봤다."와 같은 정보를 동료들에게 소리로 전달했을 것이다.

알아보기
- 학명의 뜻 : 볏이 있는 도마뱀을 닮은 것
- 살았던 시대 : 백악기 후기
- 분류 : 조각류
- 먹이 : 초식
- 몸 길이 : 11m 정도
- 화석 발견지 : 일본(2003년)

딜롱
Dilong

딜롱 화석은 중국 랴오닝 성의 유명한 익시안 지층에서 발견되었는데, 온 몸이 깃털로 덮여 있다. 익시안 지층에서는 다른 깃털 달린 공룡 화석도 많이 발견되었고, 화석의 보존 상태도 좋았다. 딜롱은 깃털이 있었지만, 날지 못했고 땅 위를 뛰어다녔던 것으로 보인다. 이 공룡은 골격 구조가 티라노사우루스류와 비슷해 나중에 티라노사우루스 렉스로 이어지는 계통의 조상으로 여겨진다.

알아보기
- 학명의 뜻 : 황제룡
- 살았던 시대 : 백악기 전기
- 분류 : 수각류
- 먹이 : 육식
- 몸 길이 : 2m 정도
- 화석 발견지 : 중국(2004년)

딜로포사우루스
Dilophosaurus

딜로포사우루스는 뒤이어 번성했던 알로사우루스만큼은 크지 않았지만, 당시에 살았던 어떤 동물보다 빨랐다. 딜로포사우루스라는 이름은 머리 위에 커다란 볏이 2개 있는 데에서 유래했다. 볏을 이루고 있는 뼈는 종잇장처럼 얇고 가벼워 태양을 향해 곧게 세우면 빛이 통과했을 것이다. 딜로포사우루스는 볏을 이용해 적을 위협하거나 짝짓기 상대를 불렀을 것으로 추측한다.

두개골 위쪽에 볏이 달려 있다. 공룡들은 이 볏을 보고 서로를 구분했을 것이다.

알아보기
- 학명의 뜻 : 2개의 볏 달린 도마뱀
- 살았던 시대 : 쥐라기 전기
- 분류 : 수각류
- 먹이 : 육식
- 몸 길이 : 6m 정도
- 화석 발견지 : 미국, 중국(1970년)

프시타코사우루스
Psittacosaurus

프시타코사우루스는 두 발로도 걷고, 네 발로도 걸을 수 있는 작은 각룡류이다. 입 모양은 앵무새 부리를 닮았고, 이빨은 식물을 자르기는 해도 씹는 데는 적합하지 않았다. 프시타코사우루스의 한 화석은 30마리가 넘는 새끼를 끌고 가는 듯한 모습이었다. 또 중국의 유명한 익시안 지층에서 발견된 한 화석은 꼬리 위에 속이 빈 큰 깃들이 달려 있었는데 어디에 쓰였는지는 아직 알려지지 않았다.

알아보기
- 학명의 뜻 : 앵무새 도마뱀
- 살았던 시대 : 백악기 초기
- 분류 : 각룡류
- 먹이 : 초식
- 몸 길이 : 3m 정도
- 화석 발견지 : 중국, 몽골, 태국(1923년)

콴타스사우루스
Qantassaurus

콴타스사우루스는 1억 1500만 년 전에 오스트레일리아에서 살았다. 당시 오스트레일리아는 남극권이었기 때문에, 일 년에 몇 달 동안은 낮에도 해를 보기 힘들었다. 콴타스사우루스 화석을 연구한 결과, 이 공룡은 일 년 내내 자란다는 사실이 밝혀졌다. 이런 사실로 미뤄어 볼 때, 겨울잠을 자지 않는 상온 동물이었을 것이다. 그리고 어두운 곳에서도 잘 볼 수 있는 큰 눈을 가졌을 것이다.

알아보기
- 학명의 뜻 : 콴타스(오스트레일리아의 항공회사) 도마뱀
- 살았던 시대 : 백악기 전기
- 분류 : 조각류
- 먹이 : 초식
- 몸 길이 : 2m 정도
- 화석 발견지 : 오스트레일리아(1999년)

알바레즈사우루스
Alvarezsaurus

이 희귀한 공룡은 새와 가까운 친척뻘인 육식 공룡이다. 남아메리카 대륙에 살았지만, 북아메리카 대륙에 살았던 타조와 닮은 오르니토미무스류와 비슷하다. 완벽한 골격이 발견되지 않아 정확한 모습을 알 수 없지만 어떤 공룡보다 빨리 달렸고, 작은 먹이를 먹었을 것으로 추측하고 있다.

알아보기
- 학명의 뜻 : 돈 그레고리로 알바레즈의 이름을 땀
- 살았던 시대 : 백악기 후기
- 분류 : 수각류
- 먹이 : 육식
- 몸 길이 : 2m 정도
- 화석 발견지 : 아르헨티나(1991년)

알왈케리아
Alwalkeria

이 특이한 공룡은 잡식성이었을 것으로 추측한다. 왜냐하면 초식 공룡처럼 곧게 뻗은 이빨과 육식 공룡처럼 둥그렇게 굽은 이빨이 모두 있기 때문이다. 새끼의 것으로 보이는 두개골이 발견되었는데 만약 그것이 다 자란 알왈케리아의 두개골이라 해도 사람 무릎에 앉힐 수 있을 정도로 작은 공룡이었을 것이다.

알아보기
- 학명의 뜻 : 앨릭 어커의 이름을 땀
- 살았던 시대 : 트라이아스기 후기
- 분류 : 용각류
- 먹이 : 잡식성
- 몸 길이 : 1m 정도
- 화석 발견지 : 인도(1986년)

징샤노사우루스
Jingshanosaurus

징샤노사우루스는 최초의 공룡인 원시 용각류 중 가장 마지막까지 살아 남은 무리이다. 쥐라기에 들어서자 원시 용각류는 사라지고 먼 친척뻘인 용각류가 그 뒤를 이었다. 징샤노사우루스는 목이 길고 다리는 두껍고 육중하다. 두껍고 질긴 나뭇가지도 씹어 먹을 수 있는 많은 이빨들이 촘촘하게 나 있다. 이 공룡은 거의 완벽한 골격 화석이 발견되어 그 모형이 1990년대에 미국 전역을 돌며 전시되었다.

알아보기
- 학명의 뜻 : 징산(중국)의 도마뱀
- 살았던 시대 : 트라이아스기 후기
- 분류 : 용각류
- 먹이 : 초식
- 몸 길이 : 7.5m 정도
- 화석 발견지 : 중국(1995년)

유라베나토르
Juravenator

유라베나토르는 원시적인 코엘루로사우리아이다. 지금까지 발견된 유라베나토르의 화석은 막 성숙하기 시작한 어린 공룡의 것이다. 뼈 화석과 함께 피부 조각 화석이 발견되기는 했지만, 깃털은 없었다. 유라베나토르는 깃털이 없는 수각류의 원시적인 조상뻘이다.

알아보기
- 학명의 뜻 : 쥐라기의 사냥꾼
- 살았던 시대 : 쥐라기 후기
- 분류 : 수각류
- 먹이 : 초식
- 몸 길이 : 0.7m 정도
- 화석 발견지 : 독일(2006년)

공룡의 멸종

지구에서 거의 모든 생물들이 사라지는 사건을 '대멸종'이라 한다. 대멸종은 이제까지 5번 정도 일어난 것으로 알려져 있다. 그 중 중생대 후기에 일어난 '대멸종' 때, 지구의 생물 66%가 사라졌다. 육지 생물의 대부분이 멸종되었고, 작은 동물보다 큰 동물이 더 큰 영향을 받았다. 이 사건은 6550만 년 전에 일어났다고 알려져 있지만, 연대 측정에 따르면 50만 년 정도의 오차가 있을지도 모른다. 많은 과학자들은 당시 거대한 운석이 지구에 충돌했을 것이라고 추측하고 있다.

살아남기 위한 비결

운석이 충돌한 곳에서 반지름 1000km 안에 있던 공룡들은 그 자리에서 죽었을 것이다. 그 후 지구의 생태계가 회복되기까지 얼마나 많은 시간이 필요했을까? 약한 동물인 개구리가 살아남은 반면, 어디로든 날아서 도망갈 수 있었던 원시 새들이 멸종되었다. 그 이유는 무엇일까?

기후의 변화

지구는 온실처럼 따뜻해졌다가 냉장고처럼 차가워지기를 반복했다. 이런 기후 변화가 느리게 진행될수록 생물은 환경에 더 잘 적응했다.

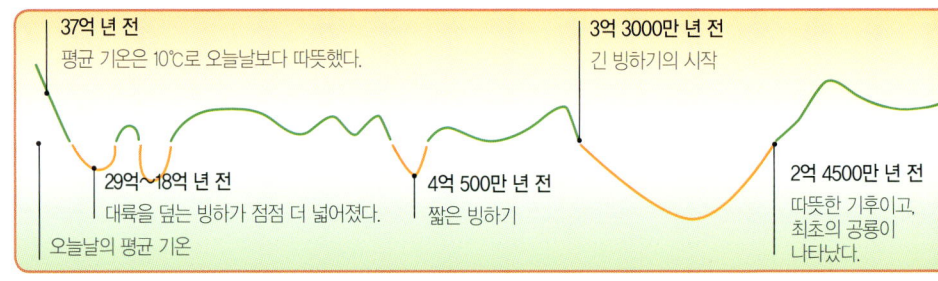

- 37억 년 전: 평균 기온은 10℃로 오늘날보다 따뜻했다.
- 29억~18억 년 전: 대륙을 덮는 빙하가 점점 더 넓어졌다.
- 오늘날의 평균 기온
- 4억 500만 년 전: 짧은 빙하기
- 3억 3000만 년 전: 긴 빙하기의 시작
- 2억 4500만 년 전: 따뜻한 기후이고, 최초의 공룡이 나타났다.

🐞 소행성 충돌

지구에는 많은 운석이 떨어졌지만, 대멸종까지 일으킬 정도로 큰 것은 드물다. 백악기 말에 지구에 치크수럽 소행성이 떨어졌는데, 지름이 12km에 이를 정도로 컸다. 거대한 소행성의 충돌은 지구 대기권을 먼지로 뒤덮었고, 규모 10에 이르는 지진과 거대한 쓰나미를 일으켰다. 게다가 당시 지구에서는 강렬한 화산 활동이 있었을 것으로 추측한다.

1. 불덩어리
운석이 지구 대기권에 들어와 마찰이 일어나면, 지표면에 충돌할 때까지 계속 하얗게 타오르는 불덩어리가 된다.

2. 충돌
운석이 지구에 충돌할 때 생긴 거대한 에너지 때문에 지표면의 암석이 증발하고 많은 양의 먼지가 난다.

울프 크릭 크레이터는 오스트레일리아 서부에 있고, 30만 년 전에 지구에 충돌한 운석 때문에 생긴 것이다. 이곳은 지구상에 운석의 파편이 남아 있는 18곳 중 한 곳으로 과학적으로 귀중한 자료이다.

3. 광물의 파편
증기가 식으면서 먼지와 광물을 포함한 비가 내리고, 지하에서는 충돌의 충격으로 열을 받은 암석이 폭발한다.

4. 충돌로 생긴 크레이터
충돌 각도와 상관없이 원형 크레이터가 생긴다. 대부분의 크레이터는 가장자리가 솟아올라 있다.

🐞 다양한 멸종설

공룡 멸종의 원인에 대해서는 독성이 있는 물질로 인한 오염이나 질병의 유행 등, 40여 개에 이르는 가설이 있다. 그 중에서 꽃이 피는 식물이 나타나면서 공룡에게 치명적인 꽃가루 알레르기가 생겼기 때문이라는 재미있는 가설도 있다. 또 머리가 너무 나빠서 살아남지 못했다고 하지만 확실한 증거가 없기 때문에 어느 것도 사실이라고는 할 수 없다.

지구 온난화
기온 상승은 부분적으로는 멸종 원인이 되지만, 북극과 남극에 사는 동물들까지 멸종한 이유를 설명 못한다.

빙하기
백악기 후기는 빙하기가 아니었다. 오히려 이전의 400만 년 동안 지구의 평균 기온은 높았을 것으로 추측된다.

화산 분화
수천 년 동안 전 세계에 걸쳐 화산이 폭발하지 않는 이상, 화산 분화를 대멸종의 원인으로 보기는 힘들다.

현재

160만 년 전
기온이 계속 내려가, 거의 10만 년마다 짧은 빙하기가 찾아왔다.

빙하기와 방빙기 사이에 기후가 따뜻해지는 짧은 간빙기가 있었다.

서기 900~1100년
기후가 따뜻했던 짧은 기간

500만 년 전
기온이 천천히 내려가면서 공룡이 사라졌다.

1만 8000년 전
마지막 빙하기의 결정. 매머드가 사라졌다.

6000년 전
온난한 기후 덕분에 농업이 더욱 발전했다.

서기 1450~1850년
소빙하기

공룡이 사라진 이후

신생대 초기는 대멸종 직후였으므로, 몸집이 큰 육상 동물은 거의 사라졌다. 하지만 대멸종을 지나고도 살아남은 표유류는 다양한 종으로 진화해 새로운 지배자가 되었다. 공룡과 같은 포식자 대부분이 사라져 버렸기 때문에 가능한 일이었다. 포루스라코스와 같은 새는 쥐라기의 육식 수각류처럼 몸집이 커졌다. 동굴곰, 검치호, 다이어울프와 같은 강력한 포식자가 새롭게 나타난 것은 중생대가 끝나고 6400만 년이 지난, 100만 년 전 정도이다.

신생대 제3기에 살았던 곰포테리움과에 속하는 코끼리이다.

'공포의 새'로 불리는 포루스라코스는 키가 2.2m가 넘었다.

작은 몸집의 포유류 푸르가토리우스는 대멸종에서 살아 남았다.

검치호는 찌르기에 적당한 이빨을 가진 사나운 포식자였다.

🐞 최초의 인류

호모에렉투스의 두개골. 눈썹 부분이 불룩 솟아 있다.

인류학은 과거에서 현재에 이르는 인류의 문화와 신체 변화에 관해 연구하는 학문이다. 인류학의 연구 결과에 따르면, 현대인이 속하는 사람속(호모속이라고도 한다)에는 많은 종이 있다. 인류에겐 날카로운 발톱이나 이빨과 같은 무기가 없었기 때문에, 필요한 도구들을 발명하게 되었다.

도구를 사용하는 동물은 가끔 있지만, 새로운 물건을 만들어 내는 것은 인류만이 할 수 있었다.

홍적세의 타르 못에 빠진 검치호(1만2000년 전). 수백 개의 유골이 미국 캘리포니아주 라브레아 타르 못에서 발견되었다.

살아 남은 후손들

직계 자손들

아주 옛날에 한 시대를 지배했던 조룡류의 후손은 지금까지도 살아남았다. 수백 종류가 넘게 번성했던 중생대의 악어류도 현재까지 20여 종이 살아 남았다. 한편, 8개 주요 종으로 나뉘는 공룡 중에서는 수각류의 후손만이 조류로 진화해 지금도 볼 수 있다. 현재 조류는 포유류에 비해 몸집이 작지만, 육지에 사는 척추동물 중에서 수가 가장 많다. 또 남극을 포함해 지구 곳곳에 살고 있고, 포유류보다 멀리 이동할 수 있다.

인도가비알

오늘날 악어가 무는 힘은 티라노사우루스와 맞먹을 정도로 강력하다. 먹이를 무는 속도 역시 눈에 보이지 않을 만큼 재빠르다.

공룡의 먼 친척

중생대 악어류 중에는 바다에 사는 것도 있었다. 다양한 환경에 공룡보다 더 잘 적응했다는 것을 알 수 있다. 하지만 지금은 많은 종들 중에서 앨리게이터, 크로커다일, 가비알 3종만이 살아 남았다.

남아메리카 대륙에 살고 있는 호아친의 새끼는 시조새처럼 날개 끝에 발톱이 3개 있다. 이 발톱은 자라면서 떨어져 나간다.

날 수 있는 힘

오늘날의 새에 해당하는 날 수 있는 수각류는, 완벽한 비행 능력이 있다. 새는 어떤 환경에서든 살 수 있고, 북극에서 남극까지 지구를 가로질러 이동할 수도 있다.

화석이 되기까지

화석은 공룡 연구에 꼭 필요하지만, 동물이 화석이 되어 남을 확률은 그다지 높지 않다. 동물이 죽으면 곧 썩기 시작하고, 청소 동물, 포식자, 벌레들이 달려들어 사체를 먹어 치운다. 때로는 비와 바람이 사체가 더 빨리 썩도록 돕기도 한다. 따라서 죽은 뒤에 곧바로 묻혀, 알갱이가 고운 흙에 둘러싸여야 화석이 될 수 있다. 하지만 화석이 되었다 해도, 화석이 닳아 없어지거나 그 위에 동·식물이 너무 깊이 묻혀 있으면 발굴하기 어렵다.

사체가 화석으로 되기까지

이 공룡은 강가의 범람원에서 죽었기 때문에 비가 많이 오면 상류에서 내려오는 진흙과 모래에 덮여 화석이 될지도 모른다.

🐞 화석 연구

공룡의 뼈가 살아 움직이던 모습대로 배열된 채 발견되는 것을 '관절 상태' 화석이라고 한다. 과학자들은 이런 화석을 통해 공룡이 어떻게 생겼고, 어떻게 움직였는지에 대해 많은 것을 알아냈다. 또 어떤 상처를 입고, 어떤 질병에 걸렸는지도 알아낼 수 있다.

물고기의 몸에서 부드러운 부분은 썩고 뼈만 목탄과 같은 물질로 변하여 화석이 되었다. 암석 사이에 낀 얇은 층처럼 화석이 남아 있다.

이 곤충 화석은 인상 화석이다. 곤충의 몸은 썩어 없어졌지만, 암석 사이에 몸의 흔적이 얼룩처럼 남아 있다.

알아 둘 것
'에릭'이라는 이름을 가진 이 화석은 오스트레일리아 퀸즐랜드에서 발견되었다. 세계에서 가장 진귀한 화석 중 하나로, 뼈가 썩은 자리에 지하수가 스며들어 오팔이라는 보석으로 변했다.

소중한 발견
'에릭'은 골격이 오팔로 변하고 있는 작은 플리오사우루스의 화석이다. 배 부분에서 위석과 작은 물고기의 뼈가 발견되었다.

🐞 화석이 되는 과정

화석은 단순하게 생겨나는 것이 아니다. 한 마리의 동물이 화석이 되려면, 많은 일이 순서에 따라 일어나야 한다. 화석에는 뼈 화석뿐만 아니라, 발자국 화석, 광물로 변한 화석, 배설물과 같은 생활 흔적만 남은 화석, 몸은 없어지고 그 형태가 돌처럼 보존된 인상 화석, 내장까지 남아 있는 미라 화석 등이 있다.

죽다
공룡의 사체가 훼손되기 전에 파묻히거나 강이나 호수에 잠긴다. 보통 살 부분은 썩거나 다른 동물에게 먹히고, 뼈만 남는다.

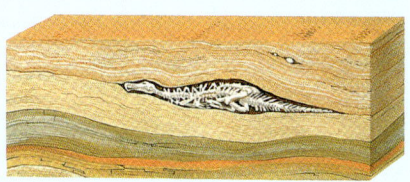

묻히다
가는 모래와 진흙 층이 사체를 덮는다. 그 위로 새로운 지층이 쌓이면서 화석이 더 이상 썩거나 물에 떠내려가지 않는다.

화석이 되다
사체를 둘러싸고 있는 모래와 진흙이 딱딱해지고, 뼈가 광물로 변하면서 단단한 화석이 된다. 이 과정은 수천 년이 걸린다.

발견되다
지구 내부의 운동 때문에 화석이 있는 지층이 지표면 가까이로 올라오고 지표면이 완전히 깎이면 화석이 드러난다.

화석이 알려 주는 것

공룡 화석은 딱딱해서 보존되기 쉬운 뼈나 이빨의 화석이 대부분이고, 발자국, 알, 똥도 종종 화석으로 발견된다. 하지만 완전한 골격이 화석으로 남는 경우는 드물다. 뼈나 이빨 화석을 잘 관찰하면, 공룡이 어떤 모습이고, 어떻게 살았는지를 알아 낼 수 있다. 특히, 다 자란 공룡의 뼈 화석은 공룡이 무엇을 먹었고, 어떤 상처를 입어 어떻게 죽었는지도 알려 주는 단서가 된다. 과학자들은 둥지, 알, 새끼 공룡 화석 등을 통해 새끼의 크기와 공룡이 얼마나 빠르게 자라는지 알아 내기도 한다.

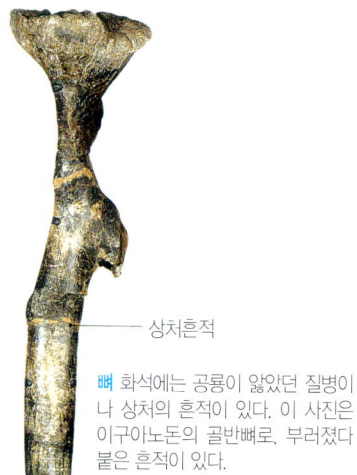
— 상처흔적

뼈 화석에는 공룡이 앓았던 질병이나 상처의 흔적이 있다. 이 사진은 이구아노돈의 골반뼈로, 부러졌다 붙은 흔적이 있다.

완전한 골격 전체 골격 화석은 부분적인 뼈나 이빨 화석보다 더 많은 정보를 준다. 위의 트리케라톱스 화석은 목둘레의 프릴과 뿔까지 완벽한 형태를 보여 준다.

깃털 깃털 화석은 아주 드물다. 공룡 중에 조류에 가까운 것도 있음을 보여 주는 증거이다.

수각류 이빨

이빨 이빨 화석만으로도 공룡에 대해 많은 것을 알 수 있다.

새끼 공룡 알 속에 남아 있는 새끼 공룡의 화석은 공룡이 어떻게 태어나 자라는지 알려 준다.

알 과학자들은 공룡의 둥지 화석을 연구해, 오늘날의 새와 비슷하게 집을 짓는다는 것을 알아냈다.

뼈 뿔뿔이 흩어진 채 암석에 파묻혀 있는 뼈들. 공룡의 뼈 화석은 보통 이런 상태로 발견되기 때문에 발굴한 뒤에 퍼즐처럼 맞추어야 한다.

분석 공룡의 똥이 화석으로 변하여 아주 단단한 돌처럼 된 것이다. 과학자들은 공룡이 무엇을 먹었는지 알아냈다.

위석 초식 공룡이 위 속의 음식물을 부수기 위해 삼킨 돌이다. 위석은 공룡의 소화 과정에 대한 정보를 준다.

발자국 화석

🐞 흔적 남기기

발자국 화석은 공룡의 생활 습성에 대해 많은 정보를 준다. 예를 들어 발자국의 주인이 얼마나 빨리, 어디까지 누구와 함께 달렸는지 알 수 있다. 대부분은 무리를 지어 생활하지만, 간혹 홀로 다니는 것도 있다. 또 발 크기나 보폭을 통해 얼마나 크고, 얼마나 빨리 달렸는지도 알 수 있다.

카르노사우리아의 발자국
거대한 육식 공룡으로 두 다리로 걸었다. 큰 발가락 3개와 갈고리 발톱이 하나 있다.

코엘루로사우리아의 발자국
작은 육식 공룡으로 발가락이 가늘고 길어 발자국은 새의 것과 비슷하다.

쥐라기에 뒷발로 걸어 다닌 수각류의 거대한 발자국 화석. 미국 애리조나 주에서 발견되었다.

각룡류의 발자국
각룡류는 네 발로 걸었고, 뒷발이 앞발보다 컸다.

용각류의 발자국
용각류는 네 발로 걸었고, 뒷발은 아주 크고 둥근 형태이다.

🐞 진흙에 찍힌 발자국

작은 초식 공룡들이 육식 공룡을 피해 달아나면서 부드러운 진흙 위에 발자국을 남기고 있다. 진흙으로 덮여 있는 강둑은 발자국이 보존되기에 좋은 장소이다.

모노니쿠스
Mononykus

모노니쿠스는 새 정도 크기의 수각류로, 양팔 끝에 갈고리 발톱이 하나씩 달려 있는 것이 특징적이다. 팔의 구조는 옆으로 뻗을 수 있고, 너무 짧아 입에 닿지 않았다. 모노니쿠스가 땅을 파 흰 개미를 잡아먹었을 것이라는 주장이 있는데, 고기를 쉽게 찢을 수 있도록 도와 주는 이빨 끝의 톱니가 발달하지 않았다는 점이 이 주장을 뒷받침해 주고 있다.

알아보기
- 학명의 뜻 : 한 개의 갈고리발톱
- 살았던 시대 : 백악기 후기
- 분류 : 수각류
- 먹이 : 육식
- 몸 길이 : 1m 정도
- 화석 발견지 : 몽골(1993년)

모노니쿠스는 우아하고 멋진 뒷다리가 있지만, 앞발은 아주 짧았다. 게다가 발가락은 갈고리 발톱이 달린 엄지발가락 하나가 전부이다.

무타부라사우루스
Muttaburrasaurus

무타부라사우루스는 오스트레일리아에 살았던 크고 독특한 조각류이다. 오리주둥이 공룡처럼 코 부분이 부풀어 있고, 이구아노돈처럼 엄지발가락에 갈고리 발톱이 달려 있다. 다른 조각류들과는 달리 식물을 자를 수 있는 이빨이 있다. 이처럼 여러 공룡의 특징이 섞여 있기 때문에 무타부라사우루스를 조각류의 어느 무리로 분류해야 할지 정하기 어렵다.

알아보기
- 학명의 뜻 : 무타부라(오스트레일리아)의 도마뱀
- 살았던 시대 : 백악기 초기
- 분류 : 조각류
- 먹이 : 초식
- 몸 길이 : 10m 정도
- 화석 발견지 : 오스트레일리아(1981년)

바리오닉스
Baryonyx

이 공룡은 해안가에 살면서 물에 들어가 물고기를 잡아 먹었다. 두개골 모양은 악어처럼 생겼고, 목이 가늘고 길었다. 악어처럼 긴 주둥이 끝으로 물 속의 먹이를 덥석 물었을 것이다. 아마도 오늘날의 곰이나 악어보다 뛰어난 사냥꾼이었을 것이다.

바리오닉스의 이빨은 모두 64개였고, 대부분의 수각류보다 많은 편이었다. 또 이빨의 모양도 다른 수각류들처럼 평평하지 않았고, 끝이 가는 톱니처럼 뾰족했다.

🐞 바리오닉스의 앞발

바리오닉스 화석 중 가장 먼저 발견된 부분은 거대한 발톱 화석으로, 길이가 무려 35cm 정도였다.

바리오닉스는 강한 앞발을 가졌다. 사냥을 할 때에는 갈고리 발톱으로 먹이를 낚아챘다.

알아보기
- 학명의 뜻 : 무거운 발톱
- 살았던 시대 : 백악기 전기
- 분류 : 수각류
- 먹이 : 육식
- 몸 길이 : 9m 정도
- 화석 발견지 : 영국(1886년)

🐞 물고기 애호가

바리오닉스는 턱이 가늘고, 이빨 끝이 가는 톱니 모양인 것으로 보아 큰 동물을 공격해 잡아먹지 않았을 것이다. 주된 먹이는 물고기였을 것이다.

이구아노돈
Iguanodon

가장 널리 알려진 공룡 중 하나로 두 번째로 공식적인 학명을 받은 공룡이기도 하다. 가장 큰 특징은 엄지발가락 끝에 붙어 있는 날카로운 못과 같은 발톱이다. 이 발톱으로 자신을 공격하는 수각류의 눈을 찔렀을 것이다. 이구아노돈은 1852년에 런던에서 복원된 최초의 공룡 중 하나이다. 1878년 벨기에의 한 광부가 특정한 종류의 뼈 화석들이 잔뜩 묻혀 있는 지층을 발견했는데, 이 곳에 이구아노돈의 전신 골격이 30여 개 정도 있었다. 1989년에는 한 소행성에 '이구아노돈'이라는 이름을 붙였다.

중요한 발견

유명한 화석 채집자인 기드온 멘텔의 부인인 메리 앤멘텔이 이구아노돈의 이빨 화석을 최초로 발견했다. 기드온은 이 이빨의 주인공이 멸종된 파충류일 거라고 생각했지만, 과학자들은 코뿔소라고 주장했다.

1822년 메리 앤 멘텔은 채석장에서 이구아노돈의 이빨화석을 몇 개 발견했다.

1834년 많은 이구아노돈 뼈가 발견되었다.

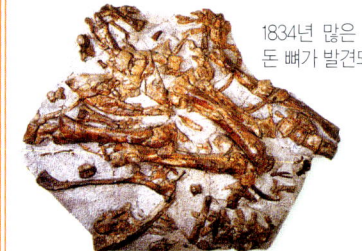
1878년 30개 이상의 이구아노돈 전신 골격이 발견되자, 과학자들은 이 공룡에 대해 더 많은 정보를 얻을 수 있었다.

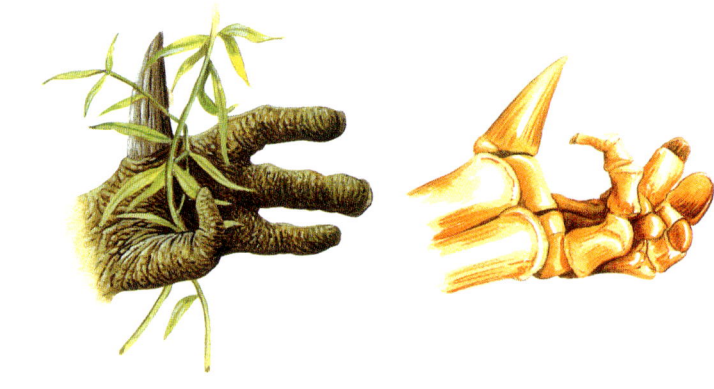
이구아노돈은 날카로운 못과 같은 발톱을 단도처럼 사용했다. 가운데 있는 세 발가락은 발굽 모양이어서 걸을 때 육중한 몸무게를 지탱해 주었다. 다섯 번째 발가락은 구부러져서 먹이를 잡았다.

알아보기
- 학명의 뜻 : 이구아나의 이빨
- 살았던 시대 : 백악기 전기
- 분류 : 조각류
- 먹이 : 초식
- 몸 길이 : 10m 정도
- 화석 발견지 : 영국(1825년)

훌륭한 여행가

이구아노돈은 육식 공룡의 공격을 피하기 위해 무리지어 다녔을 것이다. 이 공룡은 널리 퍼져서 살았던 것으로 보인다. 아프리카, 북아메리카, 유럽, 아시아, 심지어는 북극에서도 화석이 발견되었다.

이구아나돈의 몸

과학자들은 이구아나돈이 꼬리를 땅바닥에 끌며, 뒷다리로 섰을 것이라고 추측한다. 그런데 최근 이구아노돈이 강하고 긴 앞발과 발굽을 가지고 있다는 사실이 밝혀졌다. 그러므로 이구아노돈은 보통 네 발로 걷다가 달릴 때에는 뒷다리로 일어선 것으로 보인다.

강한 이빨
이구아노돈은 단단한 부리로 질긴 식물에서 잎을 뜯어냈다. 이빨은 맞물리는 면에 올록볼록 돌기가 솟아 있어 음식을 씹기에 알맞았다. 이 이빨로 잎을 씹어 죽처럼 만든 뒤에 삼켰다.

발뼈

척추, 이빨, 부리

못처럼 생긴 엄지 발톱

편리한 발톱
못처럼 생긴 엄지 발톱은 다른 발가락과 뚜렷하게 다르다.

꼬리뼈

예민한 감각

이구아노돈은 후각과 미각을 담당하는 뇌의 앞부분이 발달해 감각이 예민했다. 아마 수풀에 숨어 있는 적이나 먼 곳에 있는 먹이를 냄새로 알아차렸을 것이다.

공룡의 몸

공룡의 몸은 오늘날 육상 생물 중 악어류나 조류와 가장 많이 닮았다. 공룡 중에는 두 발로 걷는 것도 있고, 네 발로 걷는 것도 있었다. 두 발로 걷는 공룡들은 앞발로 물건을 잡으며 손처럼 사용하는 것이 있는가 하면, 날개처럼 이용해 나는 것도 있다. 모든 공룡은 먹이에 쉽게 닿을 수 있도록 목을 유연하게 움직였고, 육식 공룡의 머리는 큰 먹이를 물어뜯을 수 있을 만큼 컸다. 다리는 땅 위에서 몸을 일으켜 걷고 달릴 수 있을 만큼 강했다. 꼬리는 다리 근육을 지탱하는 역할을 하면서 무기로도 쓰였다.

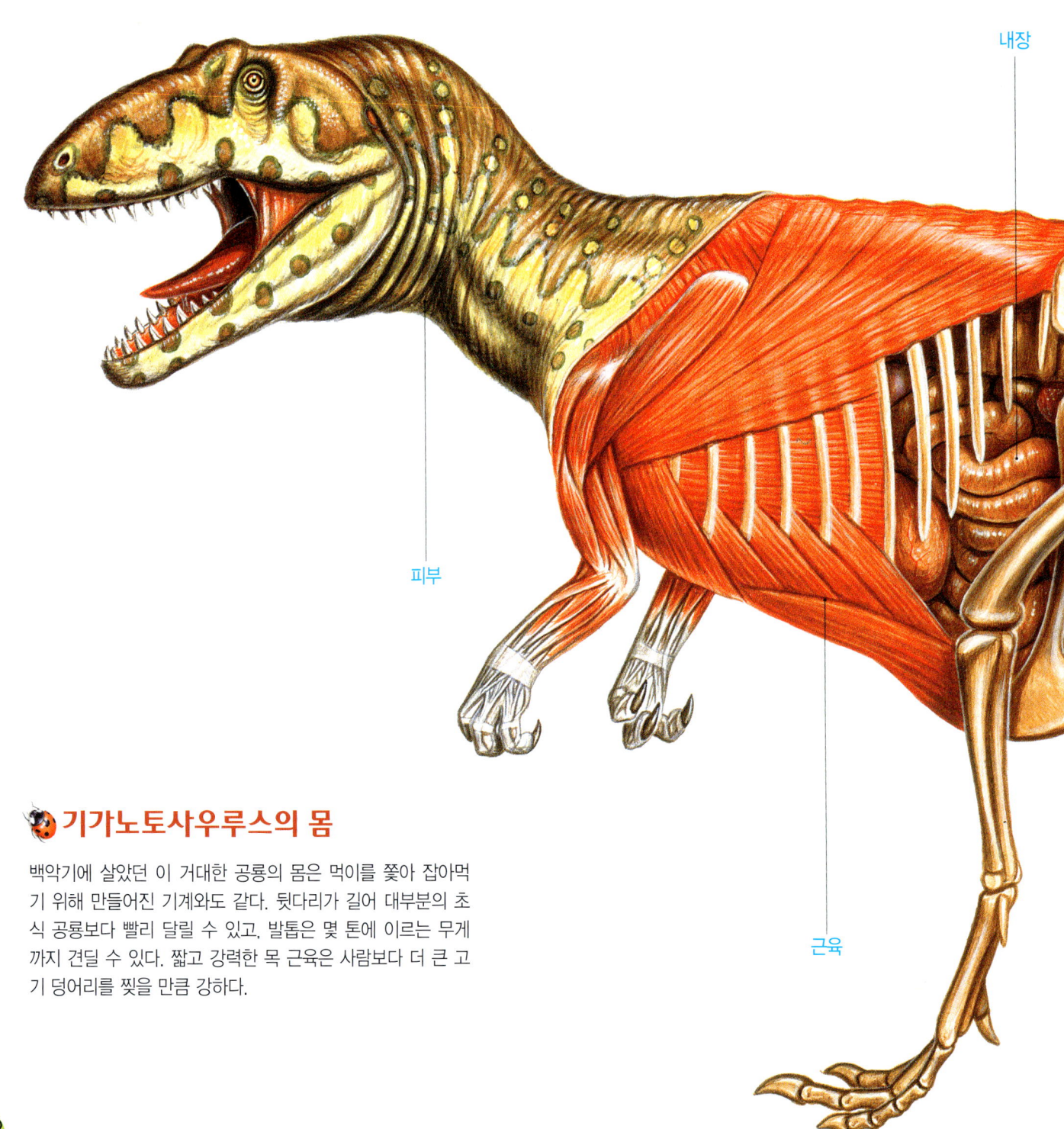

기가노토사우루스의 몸

백악기에 살았던 이 거대한 공룡의 몸은 먹이를 쫓아 잡아먹기 위해 만들어진 기계와도 같다. 뒷다리가 길어 대부분의 초식 공룡보다 빨리 달릴 수 있고, 발톱은 몇 톤에 이르는 무게까지 견딜 수 있다. 짧고 강력한 목 근육은 사람보다 더 큰 고기 덩어리를 찢을 만큼 강하다.

🐞 내장과 근육

아주 드물기는 하지만, 내장, 근육, 피부까지도 화석이 되는 경우가 있다. 이러한 화석을 손상시키지 않고 발굴해 내기 위해 과거에는 몇 년 동안 세심한 작업을 했다. 하지만 오늘날에는 첨단 과학 기술로 내부를 투시할 수 있다. 이러한 작업은 내장이 암석이나 4m 길이의 늑골로 둘러싸여 있을 때 특히 효과적이다. 작은 수각류인 스키피오닉스의 화석을 촬영해 보니 내장의 모습이 다음과 같았다.

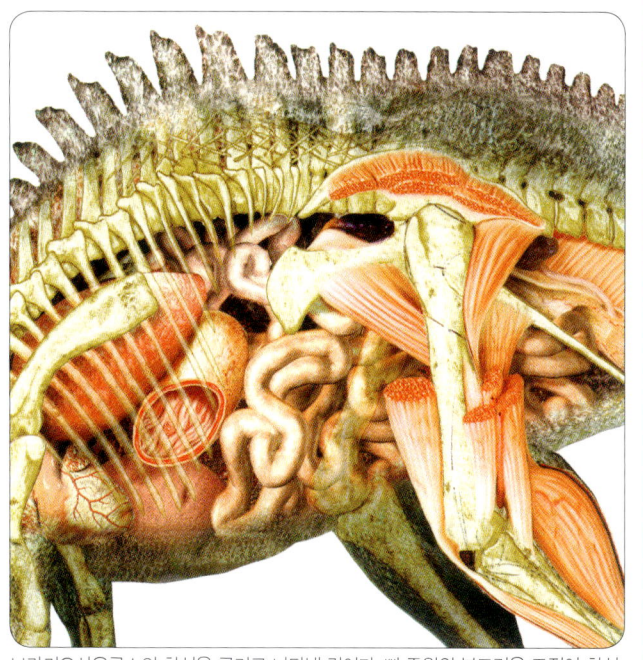
브라키오사우루스의 화석을 근거로 나타낸 것이다. 뼈 주위의 부드러운 조직이 화석화되어 있어 공룡의 몸을 아는 데 많은 단서를 준다.

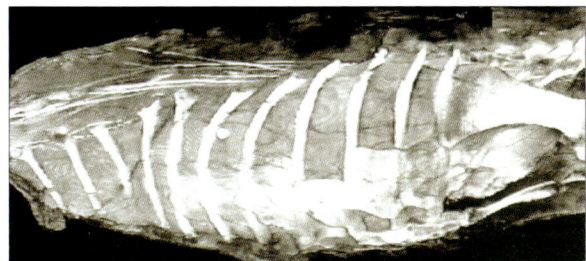
공룡 화석을 특수 촬영한 사진. 바구니 모양의 늑골, 어깨, 힘줄이 보인다.

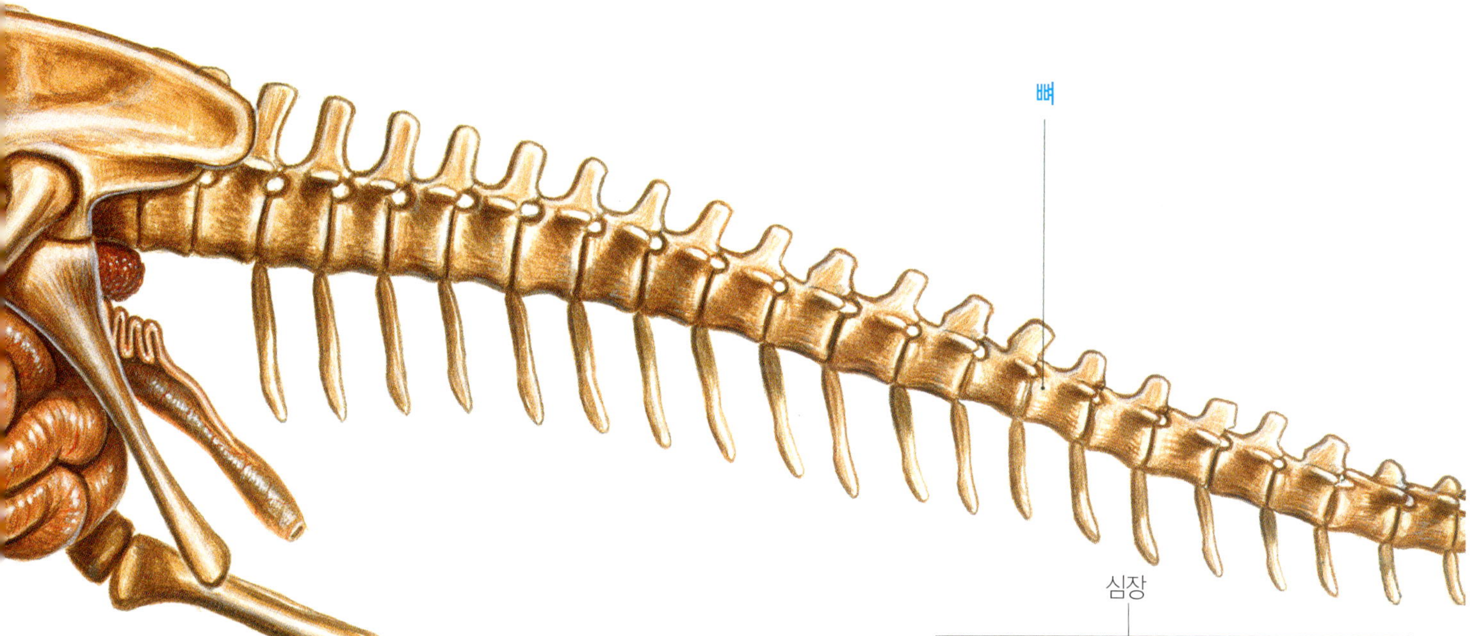

🐞 희귀한 화석

테스켈로사우루스의 화석을 통해 두 가지 놀라운 사실을 추측할 수 있다. 첫째, 늑골들이 서로 겹쳐진 모습으로 자리 잡고 있는데, 이것은 오늘날 조류에서 볼 수 있는 특징이다. 또 견갑골 아래에 심장으로 보이는 큰 덩어리가 있다. 정확한 내부 구조는 아직 연구 중이다.

용반류와 조반류

공룡은 크게 용반류(도마뱀과 같은 골반을 가짐.)와 조반류(새와 같은 골반을 가짐.)로 나뉜다. 모든 공룡의 골반은 치골, 장골, 좌골이라는 세 뼈로 이루어지는데, 치골에서 뻗어 나온 근육은 늑골에 붙어 호흡을 도와주고 내장을 받쳐 준다. 용반류의 치골은 뒤쪽을 향하고 있어 퇴화하는 중으로 추측된다. 어떤 공룡이든 좌골에는 뒷다리와 꼬리를 움직이는 근육이 붙어 있었다. 조반류의 경우에 치골은 호흡을 돕기보다는 주로 내장을 지지하는데 더 쓰였다.

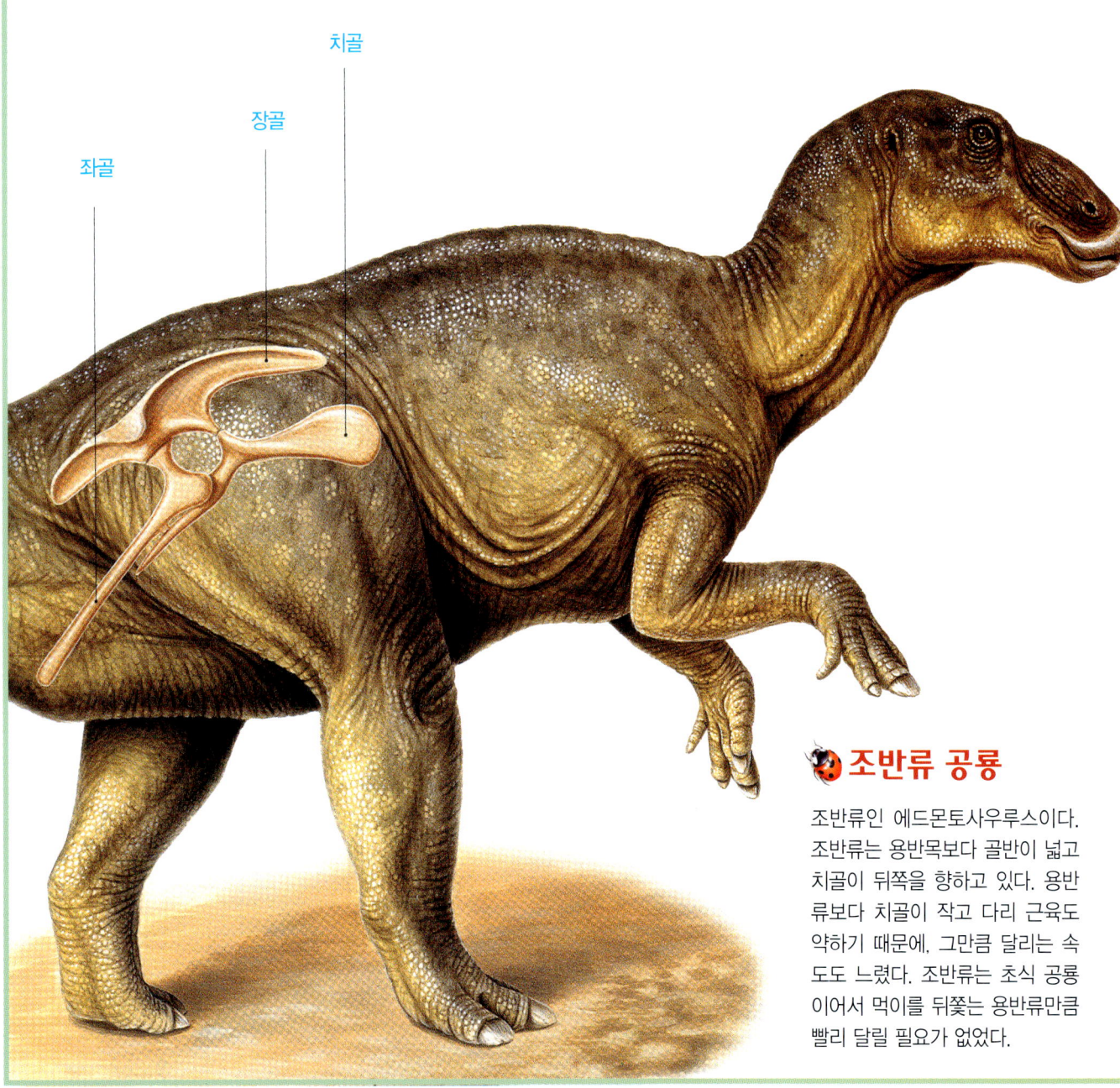

조반류 공룡

조반류인 에드몬토사우루스이다. 조반류는 용반목보다 골반이 넓고 치골이 뒤쪽을 향하고 있다. 용반류보다 치골이 작고 다리 근육도 약하기 때문에, 그만큼 달리는 속도도 느렸다. 조반류는 초식 공룡이어서 먹이를 뒤쫓는 용반류만큼 빨리 달릴 필요가 없었다.

똑바로 일어서기

모든 공룡들은 똑바로 일어설 수 있도록 골반뼈와 다리뼈가 연결되어 있다. 이런 자세는 다리를 벌린 채 기어가는 자세보다 유리한 점이 많다. 달리거나 뛸 때 에너지가 소비되는 양이 기는 동물들보다 적기 때문에 더욱 빠르게, 더욱 멀리 갈 수 있다.

양쪽으로 벌린 다리
도마뱀은 대부분 네 다리를 바깥쪽으로 뻗은 채 몸통을 뒤뚱거리며 긴다. 이런 자세로는 무거운 몸을 이동시키기 힘들다.

양쪽으로 뻗거나 아래로 뻗은 다리
악어는 주로 기어 다니지만, 마른 땅 위에서는 똑바로 서서 걸을 수 있다. 어느 정도 무거운 몸을 이동시킬 수 있는 자세이다.

아래로 곧게 뻗은 다리
공룡은 네 다리, 특히 뒷다리가 아래로 곧게 뻗어 있어 자유롭게 움직일 수 있다. 무거운 몸을 지탱하면서 재빨리 움직이기에 좋은 자세이다.

용반류 공룡

용반류인 알로사우루스이다. 용반류는 골반 가운데 구멍이 있는데, 허벅지뼈에서 솟은 돌기가 이 곳으로 들어가 서로 연결된다. 이것은 모든 공룡에게서 나타나는 중요한 특징이다. 대부분의 수각류에서 볼 수 있는 치골 끝에 있는 근육은 땅 위에서 웅크리고 앉아 쉴 때 몸을 받쳐 주는 역할을 한다.

후악시아그나투스
Huaxiagnathus

후악시아그나투스는 중국에서 발견된 작은 수각류이다. 유럽에서 발견된 콤프소그나투스와 같은 무리에 속한다. 후악시아그나투스의 가장 특이한 점은 긴 손이다. 손의 크기나 전체적인 구조가 땅 위를 돌아다니며 작은 먹이를 움켜잡기에 적당하다.

알아보기
- 학명의 뜻 : 후악시아(중국)의 턱
- 살았던 시대 : 백악기 전기
- 분류 : 수각류
- 먹이 : 육식
- 몸 길이 : 1.2m 정도
- 화석 발견지 : 중국(2004년)

힙실로포돈
Hypsilophodon

힙실로포돈은 백악기 전기에 살았지만, 좀 더 원시적인 공룡의 모습을 지니고 있었다. 백악기 전기 초식 공룡들은 대부분 앞발의 발가락이 서너 개이지만, 힙실로폰은 5개이다. 또 대부분의 조각류는 부리의 이빨이 퇴화되어 사라졌지만, 힙실로포돈은 이빨이 남아 있다. 이 공룡은 당시 살아 있는 화석과 같은 존재였을지 모른다.

알아보기
- 학명의 뜻 : 뾰족한 돌기가 있는 이빨
- 살았던 시대 : 백악기 전기
- 분류 : 조각류
- 먹이 : 초식
- 몸 길이 : 2.1m 정도
- 화석 발견지 : 영국(1869년)

에오랍토르
Eoraptor

지금까지 화석이 발견된 공룡 중에서 가장 원시적인 것으로 개와 비슷한 크기이다. 몇몇 과학자들은 에오랍토르가 최초의 수각류 중 하나일 거라고 추측한다. 활동적이고 민첩한 이 공룡은 앞발로 물건을 잡을 수 있었기 때문에 자기 몸집만 한 먹이도 잡을 수 있었을 것이다. 주로 뒷발로 뛰어다녔지만, 가끔 네 발로 걷기도 했을 것이다.

알아보기
- 학명의 뜻 : 새벽 도둑
- 살았던 시대 : 트라이아스기 후기
- 분류 : 수각류
- 먹이 : 육식
- 몸 길이 : 1m 정도
- 화석 발견지 : 아르헨티나(1993년)

에오티라누스
Eotyrannus

에오티라누스는 모든 티라노사우루스류와 공통되는 특징을 가지고 있다. 큰 이빨 하나를 반으로 자른 단면이 "D"자 모양이다. 이것은 티라노사우루스류만이 갖는 특징이다. 티라노사우루스류 중에서 가장 유명한 티라노사우루스 렉스와 달리, 에오티라누스는 앞발의 발가락이 길어 물건을 잘 잡을 수 있었다.

알아보기
- 학명의 뜻 : 새벽 폭군
- 살았던 시대 : 백악기 전기
- 분류 : 수각류
- 먹이 : 육식
- 몸 길이 : 6m 정도
- 화석 발견지 : 영국(2001년)

테논토사우루스
Tenontosaurus

테논토사우루스는 데이노니쿠스의 먹이로 유명한 조각류이다. 이 공룡의 화석 옆에서 두 마리의 테이노니쿠스 화석이 함께 발굴되기도 했다. 과학자들은 데이노니쿠스 무리가 테논토사우루스를 사냥하던 중에 함께 죽은 것이라고 추측하고 있다. 테논토사우루스의 화석에는 테이노니쿠스에게 물린 것으로 보이는 이빨 자국이 남아 있다.

알아보기
- 학명의 뜻 : 근육 공룡
- 살았던 시대 : 백악기 전기
- 분류 : 조각류
- 먹이 : 초식
- 몸 길이 : 8m 정도
- 화석 발견지 : 미국(1970년)

토로사우루스
Torosaurus

토로사우루스는 이제까지 발견된 공룡 중에서 두개골이 가장 길다. 프릴이 두개골의 절반 이상을 차지하고 있지만, 커다란 구멍이 2개나 있어 무게를 가볍게 해 주었다. 각룡류 중에 가장 무거운 트리케라톱스에 비하면, 토로사우루스의 두개골과 몸통은 훨씬 가벼워 보인다. 두 공룡은 모두 백악기 후기까지 살았는데, 토로사우루스의 화석은 많이 발견되지 않고 있다. 보통 트리케라톱스 두개골이 15개 발견될 때마다 토로사우루스 두개골은 겨우 1개 정도 발견되고 있다.

알아보기
- 학명의 뜻 : 황소 도마뱀
- 살았던 시대 : 백악기 후기
- 분류 : 각룡류
- 먹이 : 초식
- 몸 길이 : 7.5m 정도
- 화석 발견지 : 캐나다, 미국(1891년)

에오카르카리아
Eocarcharia

에오카르카리아는 1100만 년 전에 아프리카 대륙의 니제르에 살았던 수각류이다. 칼날처럼 날카로운 이빨로 고기를 잘 찢을 수 있었다. 두개골의 윗부분과 눈썹 윗부분은 아주 딱딱한 뼈로 되어 있는데 어떤 수각류보다 두꺼웠다. 짝짓기 철에 에오카르카리아끼리 싸움이 나면, 머리를 부딪치며 싸웠을 것이다. 에오카르카리아는 나중에 나타난 거대한 육식 공룡 카르카로돈토사우루스와 친척뻘이지만, 몸집은 훨씬 작았다.

알아보기
- 학명의 뜻 : 새벽 상어
- 살았던 시대 : 백악기 전기
- 분류 : 수각류
- 먹이 : 육식
- 몸 길이 : 7m 정도
- 화석 발견지 : 니제르(2008년)

에오쿠르소르
Eocursor

에오쿠르소르는 두 발로 걷는 초식 공룡이다. 진정한 조각류라고는 할 수 없지만, 조각류의 선조뻘이 되는 공룡 무리 중 하나로 볼 수 있다. 이빨은 오늘날 이구아나와 닮았고, 식물과 곤충을 모두 먹을 수 있도록 적응된 상태였다. 정강이뼈가 허벅지뼈보다 긴 것으로 보아 매우 빨리 달렸을 것이다. 에오쿠르소르에게는 도망치는 것만이 최선의 방어였을지도 모른다.

알아보기
- 학명의 뜻 : 새벽 주자
- 살았던 시대 : 트라이아스기 후기
- 분류 : 조각류
- 먹이 : 초식
- 몸 길이 : 1m 정도
- 화석 발견지 : 남아프리카 공화국, 미국(2007년)

스켈리도사우루스
Scelidosaurus

스켈리도사우루스라는 이름은 유명한 고생물 학자인 리처드오언 경이 붙인 것이다. 이 공룡은 지구상에 최초로 나타난 갑옷 공룡 무리 중 하나이다. 피부 위로 뼈로 된 돌기들이 목에서 꼬리 끝까지 여러 줄 솟아 있다. 이런 겉모습은 거의 완벽한 상태로 발견된 두개골과 전신 골격 화석을 바탕으로 복원한 것이다. 스켈리도사우루스는 네 다리로 걸어 다녔지만, 뒷다리가 앞다리보다 길었다.

알아보기
- 학명의 뜻 : 갈비뼈 공룡
- 살았던 시대 : 쥐라기 전기
- 분류 : 조각류
- 먹이 : 초식
- 몸 길이 : 4m 정도
- 화석 발견지 : 영국(1859년)

스키피오닉스
Scipionyx

스키피오닉스의 화석은 1억 1000만 년 전에 살았던 어린 공룡의 것으로 보인다. 이 화석은 이제까지 발견되었던 그 어떤 화석보다 상태가 좋다. 산소가 적은 환경에서 석회암 속에 묻혔기 때문에 사체가 부패되는 것을 막을 수 있었다. 화석에는 장, 간, 근육을 포함한 몸의 부드러운 조직까지 남아 있다.

알아보기
- 학명의 뜻 : 지질학자인 시피오네의 이름을 땀
- 살았던 시대 : 백악기 전기
- 분류 : 수각류
- 먹이 : 육식
- 몸 길이 : 2m 정도
- 화석 발견지 : 이탈리아(1998년)

스쿠텔로사우루스
Scutellosaurus

스쿠텔로사우루스는 몸집이 작고, 갑옷이 있는 조반류 공룡인 게나사우리아와 비슷하게 생겼다. 게나사우리아의 주요 두 무리인 검룡류나 곡룡류의 어느 한 쪽에 속한다고 단정 짓기 어려운 원시적인 모습을 하고 있다. 등쪽의 피부는 뼈로 이루어진 돌기들로 덮였는데, 평평한 것이 있는가 하면, 뾰족히 솟아오른 것도 있었다. 이 돌기들은 띄엄띄엄 있어서 스쿠텔로사우루스에게 덤벼드는 수각류의 이빨을 부러뜨리기에는 부족해 보인다

알아보기
- 학명의 뜻 : 작은 방패 도마뱀
- 살았던 시대 : 쥐라기 전기
- 분류 : 검룡류
- 먹이 : 초식
- 몸 길이 : 1.3m 정도
- 화석 발견지 : 미국(1981년)

세그노사우루스
Segnosaurus

세그노사우루스는 테리지노사우루스의 한 종류이다. 이 공룡은 트라이아스기의 원시용각류처럼 두개골이 앞뒤로 길고, 이빨이 작았다. 앞발에는 긴 갈고리 발톱이 달려 있고, 발에는 4개의 발가락이 있었다. 이런 특징은 물고기를 잡아먹고 사는 데 유리했을 것이다. 하지만 세그노사우루스가 무엇을 먹고 살았는지는 정확히 밝혀지지 않고 있다.

알아보기
- 학명의 뜻 : 느린 도마뱀
- 살았던 시대 : 백악기 후기
- 분류 : 수각류
- 먹이 : 육식
- 몸 길이 : 6m 정도
- 화석 발견지 : 몽골(1979년)

마이아사우라
Maiasaura

마이아사우라는 미국에서 최초로 새끼 화석과 함께 발견되었다. 두 화석을 함께 연구한 과학자들은 새끼의 몸길이가 1m 자라는 데 1년밖에 걸리지 않는다는 사실을 밝혀냈다. 다 자라면 길이는 3m 정도였다. 이처럼 빨리 성장한 것으로 보아 마이아사우라는 오늘날의 파충류보다 훨씬 더 많은 에너지를 소비했을 것이다.

알아보기
- 학명의 뜻 : 좋은 어미 도마뱀
- 살았던 시대 : 백악기 후기
- 분류 : 조각류
- 먹이 : 초식
- 몸 길이 : 10m 정도
- 화석 발견지 : 미국(1979년)

마이아사우라는 새끼를 잘 돌보는 공룡으로 유명하다. 암컷이 큰 무리를 이루어 둥지를 틀고, 새끼를 길렀다.

마준가사우루스
Majungasaurus

마준가사우루스는 많은 뼈 화석과 완벽한 두개골 화석이 발견된 공룡이다. 이 공룡은 목과 주둥이 부분이 특히 두껍고 강하게 발달했다. 수각류 중에서는 원시적인 편인 마준가사우루스는 주로 용각류인 라페토사우루스를 먹이로 삼았던 것으로 보인다. 또 동족끼리 서로 잡아먹은 것으로 보이는 증거도 있다. 마준가사우루스의 화석은 마다가스카르에서 발견되었는데, 이 공룡이 살았던 당시에 마다가스카르는 이미 섬이었다.

알아보기
- 학명의 뜻 : 마하장가(마다가스카르)의 도마뱀
- 살았던 시대 : 백악기 후기
- 분류 : 수각류
- 먹이 : 육식
- 몸 길이 : 8m 정도
- 화석 발견지 : 마다가스카르(1955년)

니게르사우루스
Nigersaurus

니게르사우루스는 진공 청소기의 흡입구처럼 옆으로 넓적한 입을 가졌다. 턱에는 80개가 넘는 작은 이빨이 촘촘히 나 있고, 그 뒤로 이빨들이 준비되어 있었다. 이빨이 닳아서 빠지면, 새 이빨이 그 자리에 났을 것이다. 이빨은 작고 약해서 부드러운 식물만 먹었을 것이다.

알아보기
- 학명의 뜻 : 니제르의 도마뱀
- 살았던 시대 : 백악기 전기
- 분류 : 용각류
- 먹이 : 초식
- 몸 길이 : 15m 정도
- 화석 발견지 : 니제르(1999년)

노밍기아
Nomingia

노밍기아는 미좌골이 발견된 최초의 화석이다. 미좌골은 꼬리뼈 마디들이 합쳐진 부분으로, 깃털이 나는 자리이다. 새의 꼬리 깃털은 장식 역할을 하기도 하고, 날아가는 속도를 조절하기도 한다. 특히 느리게 날거나 땅에 내려 앉을 때 꼬리 깃털은 중요한 역할을 한다. 하지만 노밍기아의 꼬리 깃은 너무 커서 짝짓기 장식 역할을 하는 데 그쳤을 것이다.

알아보기
- 학명의 뜻 : 노밍기인(고비 사막)의 도마뱀
- 살았던 시대 : 백악기 후기
- 분류 : 수각류
- 먹이 : 육식
- 몸 길이 : 1.7m 정도
- 화석 발견지 : 몽골(2000년)

트로오돈
Troodon

트로오돈은 독특한 특징을 많이 가지고 있는 수각류이다. 몸집에 비해 뇌가 큰 공룡 중의 하나로, 아주 영리한 공룡이었을 것이다. 눈이 아주 크고, 사물을 입체적으로 보아 먹이까지의 거리를 정확히 알 수 있는 시력이 있었다. 몇몇 초식 원시 용각류처럼 이빨 끝이 커다란 톱니 모양이라 식물도 먹는 잡식 공룡이었을 것이다. 미국에서 발견된 공룡 중 최초로 학명이 붙은 공룡이다.

알아보기
- 학명의 뜻 : 상처 입은 이빨
- 살았던 시대 : 백악기 후기
- 분류 : 조각류
- 먹이 : 잡식성
- 몸 길이 : 3m 정도
- 화석 발견지 : 캐나다, 미국(1856년)

투오지앙고사우루스
Tuojiangosaurus

투오지앙고사우루스는 스테고사우루스와 친척뻘이라고 할 만큼 닮았다. 두 공룡은 모두 등에 난 골판과 꼬리에 달린 두꺼운 가시로 무장하고 있는데, 투오지앙고사우루스의 골판은 작지만 더 날카로웠다. 또 스테고사우루스와는 달리, 어깨에 긴 가시가 있다. 이 공룡은 중국에서 발견된 검룡류 중에서 가장 유명하다. 중국에서는 이 외에도 많은 검룡류 화석이 발견되고 있어, 검룡류가 아시아에서 최초로 나타났을 가능성이 높다.

알아보기
- 학명의 뜻 : 투오 강(중국)의 도마뱀
- 살았던 시대 : 쥐라기 후기
- 분류 : 검룡류
- 먹이 : 초식
- 몸 길이 : 7m 정도
- 화석 발견지 : 중국(1977년)

카스모사우루스
Chasmosaurus

카스모사우루스는 트리케라톱스와 같은 각룡류의 하나이다. 눈과 코 위쪽에 긴 뿔이 나 있다. 목둘레에 긴 프릴이 있는데, 얼굴에서 턱 근육이 시작되는 부분이 아래로 처지지 않게 균형을 잡아 주기 위해서였다. 아마 적을 위협하는 역할도 했을 것이다. 카스모사우루스의 두개골 화석은 종류가 다양해 다른 이름을 붙이기도 한다. 이런 차이는 공룡이 묻힐 당시의 건강 상태, 나이, 성별, 환경에서 비롯된 것으로 보인다.

알아보기
- 학명의 뜻 : 끝이 갈라진 도마뱀
- 살았던 시대 : 백악기 후기
- 분류 : 각룡류
- 먹이 : 초식
- 몸 길이 : 5m 정도
- 화석 발견지 : 미국, 캐나다(1914년)

무리지어 이동하는 초식 공룡

초식 공룡은 먹이를 찾아 자주 무리지어 이동했다. 카스모사우루스 무리가 북아메리카대륙에 살았던 코리토사우루스 무리와 함께 이동하고 있다. 이 공룡 무리는 각각 1000 마리가 넘었다.

프테라노돈
Pteranodon

프테라노돈은 해안의 절벽 등에서 살았다. 시력이 매우 좋았고 몸은 30킬로그램 정도로 아주 가벼웠다. 긴 발은 해안의 얕은 곳에 내릴 때 효과적이었다. 이빨이 없었으며 머리의 큰 볏은 동족에게 자신의 존재를 알리는 데 사용되었다. 프테라노돈은 백악기에 번성하였으며 자유로이 날개로 비행을 할 수 있는 초기 척추동물이므로 통째로 삼키기에 편한 작은 동물이나 곤충을 먹고 살았다. 하늘을 날아다니기 때문에 적으로부터의 위험이 비교적 적고 먹이가 비교적 풍부하여 많은 무리가 존재하였다.

알아보기
- 학명의 뜻 : 날개는 있고 이빨은 없다
- 살았던 시대 : 백악기 후기
- 분류 : 파충류
- 먹이 : 육식
- 몸 길이 : 7m 정도
- 화석 발견지 : 북아메리카

케찰코아트루스
Quetzalcoatlus

케찰코아트루스는 몇 km 밖의 사냥감도 찾아내는 뛰어난 시력을 갖고 있었다. 강력한 근육이 붙어 있는 날개는 면적이 크고 가벼워 상승 기류를 타고 글라이더처럼 높은 하늘을 날아다녔다. 케찰코아트루스는 날개가 발달되어 있어 자유로이 날아다니며 곤충이나 조류를 잡아먹을 수 있고 강가에서 물고기를 잡아먹었다. 케찰코아트루스는 백악기 후기에 번성하였으며, 주위에 먹이가 풍부하여 번식하는데 어려움이 없었다.

알아보기
- 학명의 뜻 : 날개를 지닌 뱀의 신
- 살았던 시대 : 백악기 후기
- 분류 : 수각류
- 먹이 : 육식(물고기)
- 몸 길이 : 11~15m 정도
- 화석 발견지 : 북아메리카

사이카니아
Saichania

사이카니아는 냄새를 잘 맡았고 혀 속의 뼈가 발달되어 있어 식물을 휘감아서 따 먹었다. 몸의 양쪽에 늘어서 있는 파도 같은 모양의 날카로운 가시는 꼬리 끝에 붙어 있는 무거운 뼈 뭉치와 함께 육식 공룡과 대결할 때 유용하게 사용되었다. 사이카니아는 오늘날 가시 도마뱀과 비슷하다. 몸통의 양옆에 날카로운 가시가 나란히 달려 있다. 백악기 후기에 나타났다 일찍 사라진 초식 공룡이다. 몸통에 가시는 적을 방어하는데 더 없이 유용하여 여러 무리가 번성하게 생활하였으나 일찍 사라진 이유는 알수가 없다.

알아보기
- 학명의 뜻 : 아름다운 것
- 살았던 시대 : 백악기 후기
- 분류 : 곡룡류
- 먹이 : 초식
- 몸 길이 : 7m 정도
- 화석 발견지 : 아시아

가루디미무스
Garudimimus

가루디미무스는 제일 오래 된 타조 공룡이다. 이빨은 없으나 지능이 높고 시력이 좋았으며 쭉 뻗은 긴 꼬리로 균형을 잡으며 매우 빨리 달렸다. 가루디미무스는 앞발이 짧고 뒷발이 길어 적이 오면 빨리 달아날 수 있고 뒷발로 설수 있으며 나무의 열매나 나뭇잎을 먹고, 딴 공룡의 알이나 여러 가지 곤충들을 잡아먹을 수 있고 주위에 먹이가 풍부하여 오랜 기간 살아 남아 활동하였다.

알아보기
- 학명의 뜻 : 신화 속의 새인 가루다와 비슷함
- 살았던 시대 : 백악기 후기
- 분류 : 용각류
- 먹이 : 잡식(알, 곤충, 과일)
- 몸 길이 : 3m 정도
- 화석 발견지 : 아시아

라프라타사우루스
Laplatasaurus

라프라타사우루스는 비슷한 종류의 공룡과 비교할 때 목이 길고 꼬리도 길었다. 채찍처럼 휘어지는 긴 꼬리는 매우 강력한 무기였고 육식 공룡과 싸울 때 앞발을 사용하기도 하였다. 공룡 시대 말기까지 살아 남았던 공룡이다. 라프라타사우루스는 목이 길어 높은 나무의 열매나 잎을 먹을 수 있어 먹이가 주위에 풍부하므로 공룡 시대 말까지 살아서 활동한 것으로 추측된다. 몸이 커 다른 무리의 공격을 덜 받았고 아무 곳에서나 먹이가 될 수 있는 나무나 열매가 있어 오랜 기간 살았다.

알아보기
- 학명의 뜻 : 라프라타의 도마뱀
- 살았던 시대 : 백악기 후기
- 분류 : 용각류
- 먹이 : 초식
- 몸 길이 : 18m 정도
- 화석 발견지 : 남아메리카, 아시아

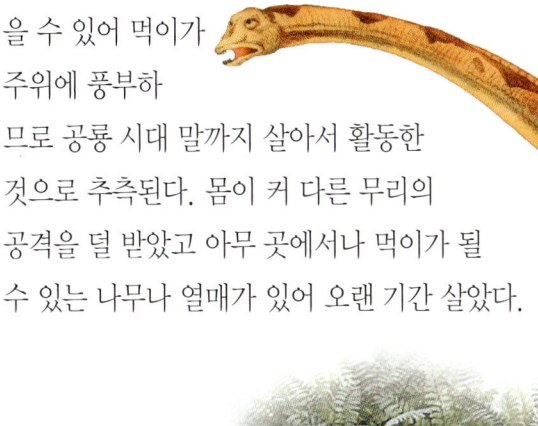

파크소사우루스
Parksosaurus

파크소사우루스는 현재로 따지면 사슴과도 같은 존재였다. 발가락이 다섯 개로 육식 공룡에게 위협을 받으면 긴 꼬리로 균형을 잡으며 빨리 달려 도망을 쳤다. 파크소사우루스는 앞발이 짧고 뒷발이 길어 뒷발로 서서 나뭇잎이나 열매를 따먹을 수 있고 몸이 무겁지 않으므로 활동 반경이 넓어 먹이를 구하는 데는 큰 어려움이 없이 생활할 수 있었다. 몸이 가볍고 날렵해 어디든지 빨리 갈 수 있고 무리지어 다니는 데에도 어려움이 없었다.

알아보기
- 학명의 뜻 : 파크(W.A.Parks)의 도마뱀
- 살았던 시대 : 백악기 후기
- 분류 : 용각류
- 먹이 : 초식
- 몸 길이 : 2m 정도
- 화석 발견지 : 북아메리카

오르니톨레스테스
Ornitholestes

오르니톨레스테스의 화석은 미국의 유명한 모리슨 지층에서 발견되었다. 오늘날 우리가 알고 있는 오르니톨레스테스에 대한 정보는 대부분 100년 전에 발견된 두개골과 골격 화석 1개를 바탕으로 한 것이다. 그 후, 지금까지 오르니톨레스테스의 완벽한 골격 화석은 발견되지 않았다. 이 공룡의 앞발은 서로 맞잡을 수 있는 구조여서, 작은 먹이도 쉽게 움켜쥘 수 있었다.

알아보기
- 학명의 뜻 : 새 도둑
- 살았던 시대 : 쥐라기 후기
- 분류 : 수각류
- 먹이 : 육식
- 몸 길이 : 2m 정도
- 화석 발견지 : 미국(1903년)

오르니톨레스테스는 두개골 모양으로 볼 때 코 위에 얇은 뼈로 이루어진 뼈가 있었을 것이다.

오릭토드로메우스
Oryctodromeus

오릭토드로메우스는 몸무게가 30kg 정도인 작은 공룡이다. 이 공룡의 화석은 최초로 땅 속 굴에서 발견되었다. 어린 공룡 두 마리와 다 자란 공룡 한 마리의 화석이 한데 있는 모습은 가족이 함께 죽었다는 것을 보여 준다. 오릭토드로메우스의 팔과 머리는 굴을 파는 데 적응되어 있었지만, 긴 터널을 팔 정도는 아니었다.

알아보기
- 학명의 뜻 : 굴 파는 주자
- 살았던 시대 : 백악기 후기
- 분류 : 조각류
- 먹이 : 초식
- 몸 길이 : 2m 정도
- 화석 발견지 : 미국(2007년)

아틀라스콥코사우루스
Atlascopcosaurus

몸 길이가 3m 정도인 작고 민첩한 이 공룡은 육식 공룡의 눈을 피해 다니며, 나뭇잎을 뜯어 먹고 살았다. 아마 가족끼리 모여 살거나 작은 무리를 이루어 지냈을 것이다. 아틀라스콥코사우루스의 화석은 오스트레일리아의 '공룡 계곡'에서 다른 여러 공룡의 화석과 함께 발견되었다. '공룡 계곡'은 해안의 절벽까지 굴을 파 화석을 발견한 최초의 공룡 광산이 있는 곳이다. 아틀라스콥코사우루스라는 이름은 광산의 설비를 공급했던 회사의 이름을 땄다.

알아보기
- 학명의 뜻 : 아틀라스 주시회사의 도마뱀
- 살았던 시대 : 백악기 전기
- 분류 : 조각류
- 먹이 : 초식
- 몸 길이 : 3m 정도
- 화석 발견지 : 오스트레일리아(1989년)

살타사우루스
Saltasaurus

알아보기
- 학명의 뜻 : 살타(아르헨티나)의 도마뱀
- 살았던 시대 : 백악기 후기
- 분류 : 용각류
- 먹이 : 초식
- 몸 길이 : 12m 정도
- 화석 발견지 : 아르헨티나(1980년)

살타사우루스는 백악기가 거의 끝날 무렵에 아르헨티나에 살았다. 용각류치고 목이 짧고, 몸집이 다부졌다. 등 쪽의 피부에는 작은 뼛조각으로 된 돌기들이 척추를 따라 양쪽으로 두툴두툴 솟아 있다. 이 돌기들은 지름이 2.5~20cm 정도이다. 너무 작아 무기로 쓸 수 없었지만 덤벼드는 수각류의 이빨을 부수기에는 충분했을 것이다.

재미있는 과학 초등학교 교재
공룡자료도감

기획·편집 / 박종수
자료제공 / 유아교실
펴 낸 이 / 정영희 외 1명
펴 낸 곳 / (유)한국영상문화사
서울시 영등포구 신길로 23길 32
전　　화 / 02-834-1806~7
팩　　스 / 02-834-1802
등　　록 / 1991년 5월(2017-000109)

ISBN 979-11-91953-04-6
파본 책은 바꾸어 드립니다.
무단 복제 행위를 금함.
※ 판권은 본사 소유임.

정가 25,000원